西部陆海新通道骨干工程

——广西平陆运河建设研究

尹继承 著

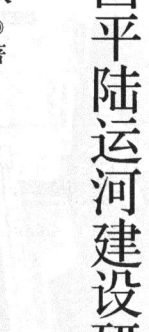

中央民族大学出版社
China Minzu University Press

图书在版编目（CIP）数据

西部陆海新通道骨干工程：广西平陆运河建设研究 / 尹继承著. -- 北京：中央民族大学出版社，2025.5.
ISBN 978-7-5660-2491-6

Ⅰ . U612.33

中国国家版本馆CIP数据核字第2025S4K842号

西部陆海新通道骨干工程 —— 广西平陆运河建设研究
XIBU LUHAI XINTONGDAO GUGAN GONGCHENG: GUANGXI PINGLUYUNHE JIANSHE YANJIU

著　者	尹继承
策划编辑	赵秀琴
责任编辑	高明富
封面设计	舒刚卫
出版发行	中央民族大学出版社
	北京市海淀区中关村南大街27号　　邮编：100081
	电话：（010）68472815（发行部）　　传真：（010）68933757（发行部）
	（010）68932218（总编室）　　　　　（010）68932447（办公室）
经销者	全国各地新华书店
印刷厂	北京鑫宇图源印刷科技有限公司
开　本	787×1092　1/16　印张：13.5
字　数	208千字
版　次	2025年5月第1版　2025年5月第1次印刷
书　号	ISBN 978-7-5660-2491-6
定　价	72.00元

版权所有　翻印必究

前　言

运河是人工开凿的水运通道。运河工程在我国具有悠久的历史，自春秋时代我国劳动人民就开始开凿运河，为后世留下了著名的运河工程，如胥河、邗沟、灵渠、京杭大运河等。这些运河通常与自然水道或其他运河相连，除了用于航运外，还用于灌溉、分洪、排涝、给水等，在中国历代的水路运输中发挥了重要的作用，是中国水运的重要组成部分。

西部陆海新通道建设是党中央、国务院作出的重大战略部署，平陆运河是西部陆海新通道的骨干工程，对推动广西及西南地区发展具有重要意义。平陆运河始于广西南宁横州市西津水电站库区平塘江口，跨越平塘江和钦江支流以及小西河分水岭，经钦州市陆屋镇，沿钦江南下，直达北部湾。平陆运河航道全长134.2千米，预估投资727.3亿元，建设工期54个月，建成后将打通广西的"任督二脉"。

据史料记载，早在1915年广东最早的治水管水机构督办广东治河事宜处就曾组织过勘察工作。中华人民共和国成立后，从1950年开始，广西和国家有关部门就持续不断地对平陆运河项目进行勘察和论证。百年期待，世纪工程。在广西八桂儿女热切期盼下，平陆运河于2022年8月28日正式开工。平陆运河是广西各族人民期盼了100多年的运河，是钦州400多万人民的一件大事、喜事、盛事。

平陆运河是中华人民共和国成立以来建设的第一条江海连通的大运河，是西部陆海新通道的骨干工程。工程竣工后，将使广西柳州、南宁、贵港、来宾等城市的货物从钦州港直接出海。到那时，广西首府南宁到钦州港的货物距离只有280千米，比原来由西江经梧州到广州的路线缩短了570千米。平陆运河的建设，不仅为广西各类商品出口提供了新通道，还降低了运营成本，将把广西5873千米内河航道网、云贵部分地区航道与海洋运输直接贯通。通航后，预计每年可为西部陆海新通道沿线地区节省运输费用52亿元以上，推动北部湾港向"千万标箱"国际大港蜕变，释放出极大的航运优势和潜力。

2019年以来，平陆运河相继被纳入《西部陆海新通道总体规划》《国家综合立体交通网规划纲要》《中华人民共和国国民经济和社会发展第十四个五年规划和2035年远景目标纲要》等多个国家级重要规划，得到了中央的高度重视。建设平陆运河是服务国家"一带一路"倡议的客观需要，是贯彻落实习近平总书记视察广西时重要嘱托，紧跟伟大复兴领航人踔厉笃行的具体行动。

新时代，新征程。2000多年前，秦朝修建的灵渠古运河连通了长江水系和珠江水系，为古代海上丝绸之路的繁荣发展奠定了基础。如今，平陆运河的建设是广西所盼、桂运所系，是江海联运、山海协同的重大项目；建成之后，将实现"一河贯通、八桂向海"，成为造福广西人民的开放河、绿色河、团结河、幸福河。

目 录

第一章 绪论 ··· 1
 第一节 研究背景和研究意义 ······································· 1
 第二节 平陆运河研究文献综述 ··································· 6
 第三节 基本概念和基础理论 ······································ 14
 第四节 研究方法和主要内容 ······································ 24

第二章 中国运河的古往今来 ·· 26
 第一节 中国运河 ·· 26
 第二节 广西运河 ·· 29
 第三节 平陆运河 ·· 39
 第四节 湘桂赣粤运河 ··· 43
 第五节 平陆运河与湘桂赣粤运河的未来憧憬 ············· 49

第三章 平陆运河总体规划和建设概况 ·························· 51
 第一节 总体规划 ·· 51
 第二节 平陆运河建设概况 ·· 62
 第三节 平陆运河建设地方配套服务政策 ··················· 64

第四章 高质量规划平陆运河经济带研究 ····················· 68
 第一节 平陆运河经济带概念及概况 ·························· 68
 第二节 平陆运河经济带的重要意义 ·························· 72

第三节　平陆运河经济带面临的挑战与改进对策 …………… 75

第五章　平陆运河与钦州发展向海经济研究 ………………… 85
　　第一节　平陆运河对发展向海经济的重要意义 ……………… 85
　　第二节　平陆运河背景下钦州发展向海经济的优势及现状 … 89
　　第三节　平陆运河背景下钦州发展向海经济面临的挑战 …… 93
　　第四节　平陆运河背景下钦州向海经济发展路径 …………… 97

第六章　平陆运河与钦州多式联运体系建设研究 …………… 105
　　第一节　平陆运河与钦州多式联运体系建设的意义 ………… 105
　　第二节　平陆运河与钦州多式联运体系建设现状 …………… 108
　　第三节　平陆运河与钦州多式联运体系建设面临的挑战 …… 111
　　第四节　加强平陆运河与钦州多式联运体系建设的对策 …… 113

第七章　平陆运河与钦州乡村振兴示范带研究 ……………… 122
　　第一节　平陆运河钦州乡村振兴示范带现状 ………………… 122
　　第二节　平陆运河钦州乡村振兴示范带面临的机遇 ………… 126
　　第三节　平陆运河钦州乡村振兴示范带面临的挑战 ………… 128
　　第四节　加强平陆运河钦州乡村振兴示范带建设的对策 …… 130

第八章　平陆运河与沿线特色农业发展研究 ………………… 138
　　第一节　平陆运河沿线特色农业整体概况 …………………… 138
　　第二节　平陆运河沿线特色农业发展机遇 …………………… 142
　　第三节　平陆运河沿线特色农业发展面临的挑战 …………… 144
　　第四节　平陆运河沿线特色农业发展策略 …………………… 146

第九章　平陆运河与构建运河文化带研究 ········· 150
　　第一节　建设平陆运河文化带的重要意义 ········· 150
　　第二节　横州市历史文化概况 ········· 152
　　第三节　钦州市历史文化概况 ········· 153
　　第四节　平陆运河文化带建设面临的挑战 ········· 158
　　第五节　国内外运河文化带建设的经验与启示 ········· 160
　　第六节　加快平陆运河文化带建设的对策 ········· 163

第十章　平陆运河与供水保障体系研究 ········· 170
　　第一节　运河沿线供水保障现状 ········· 170
　　第二节　平陆运河沿线供水保障面临的挑战 ········· 174
　　第三节　加强运河沿线供水保障体系的对策 ········· 177

第十一章　平陆运河与气象服务保障研究 ········· 180
　　第一节　加强平陆运河气象服务的重要意义 ········· 180
　　第二节　平陆运河建设中的气象要素分析 ········· 181
　　第三节　平陆运河沿线主要气象风险和服务现状 ········· 184
　　第四节　平陆运河建设气象服务保障面临的挑战 ········· 186
　　第五节　平陆运河高质量发展气象服务保障对策 ········· 188

主要参考文献 ········· 192
平陆运河规划与建设大事记 ········· 203
后　记 ········· 206

第一章　绪论

平陆运河是西部陆海新通道的重要组成部分，是连接珠江—西江流域与北部湾港的亿吨级水运交通大动脉，是融入共建"一带一路"倡议，交通强国、新时代西部大开发等国家战略的重大牵引工程。平陆运河建成之后，将为广西及整个西南地区、中南部分地区开辟更经济更便捷的出海水运新通道，对广西及西部地区经济社会发展和开发开放具有重要意义。

第一节　研究背景和研究意义

一、研究背景

2022年8月28日平陆运河开工建设以来，广西壮族自治区党委、政府深入贯彻落实习近平总书记对广西的重要指示和要求，把平陆运河作为西部陆海新通道建设骨干工程、新时代壮美广西建设的重大工程、广西所盼桂运所系的战略工程、谱写中国式现代化广西篇章的标志工程、广西贯彻新发展理念的关键工程、造福百姓惠及各方的民生工程来予以推进。[1] 建设平陆运河，是广西各族人民的百年梦想，事关广西乃至整个西南地区

---

[1] 赵超，郑大庆，华宇晖.一河贯通 八桂向海：写在平陆运河开工建设一周年之际[N].广西日报，2023-08-28（1）.

通江达海、向海图强，事关西部陆海新通道沿线地方长远发展，可谓功在当代、利在千秋。①

本研究题目源于笔者参与撰写的钦州市2022年度重大课题"推动平陆运河经济带与广西自贸区钦州港片区联动发展的对策研究"，该课题从立足钦州实际，围绕平陆运河经济带与广西自贸区钦州港片区联动发展这一主线，从钦州港与腹地经济联动发展、面向东盟发展向海经济、面向《区域全面经济伙伴关系协定》（Regional Comprehensive Economic Partnership，简称RCEP）市场构建跨境产业链供应链出发，探讨如何加快打造钦州全方位对外开放的新格局。

此外，笔者的家乡是广西桂林市，桂林拥有的两条古运河分别是灵渠和桂柳运河。十几年前，笔者于广西民族大学硕士毕业后离开桂柳运河沿岸的第一故乡永福县，来到第二故乡钦州市生活，到现在已喝了多年的钦江水，成了一名新的钦州市民。十多年来，笔者每天都能感受到广西特别是钦州的深刻变化，体验到钦州跳动的脉搏，自己觉得有必要为西部陆海新通道骨干工程——平陆运河建设贡献绵薄之力，因此就有了撰写该著作的想法，以供有关部门开展工作时参考。

二、研究意义

平陆运河建成通航后，将直接成为广西内陆及我国西南地区货物运距最短、最经济、最便捷的出海通道。

（一）平陆运河是我国新时代西部大开发的示范性工程

建设平陆运河意义重大，是我国新时代西部大开发的典范之作。作为西部陆海新通道的骨干工程，其建成后将达成江海协同，化身西南地区出海的"高速路"。一方面，它会加深西部地区内部在交通、物流及产业等

---

① 蓝锋.凝心聚力只争朝夕[N].广西日报，2022-08-29（4）.

领域的协作，大幅拉近成渝双城经济圈等西南板块与粤港澳大湾区等沿海发达地区的时空距离；另一方面，对外能够与东盟紧密对接，催生出更大范围的区域联动效应。这不仅助力西部陆海新通道沿线将资源禀赋迅速转化为经济增长动力，优化区域发展战略布局，还能推动区域经济迈向平衡协调发展的新征程，为新时代西部大开发注入磅礴力量，勾勒全新发展蓝图。

（二）平陆运河将成为西南地区发展的新动脉

广西作为全国唯一面向海洋的自治区，平陆运河的建成通航将具有里程碑意义。届时，平陆运河将打通我国西南地区最便捷、最经济的出海通道，其影响力绝不限于广西本土，还如同涟漪一般，层层扩散至云贵川等地，为西部地区经济高质量发展注入澎湃动力。

长期以来，中国东西部地区发展不平衡，东部沿海地区凭借靠近海港、水运发达的天然优势，经济一路高歌猛进。反观西部地区，因缺乏出海口，交通物流成为制约经济腾飞的羁绊。正如龙巍和张植凡（2021）指出，这种地理差异造成的发展差距亟待弥补。而平陆运河的出现，就使这一切从此改观。

通航后的平陆运河，将为西南地区的经济与贸易活动架起直通海洋的桥梁。贵州、云南等西南省份，能够借助左江、右江、黔江、红水河、柳江等多条支流，轻松实现内河与远洋运输的无缝对接。如此一来，物流成本大幅削减，企业的利润空间得以拓展，市场竞争力也随之增强。更为引人瞩目的是，平陆运河在我国对外经济交流版图中也扮演着举足轻重的角色，尤其是为西南地区与东盟国家的深度合作铺就一条康庄大道。在设计之初，平陆运河便极具前瞻性地考量了未来向海经济发展的双向模式，历经多次优化，河道与船闸的通航等级最终达到5000吨级，完全满足海船进江的基础条件。这意味着，从长远眼光审视，远洋货船能够长驱直入，直接将货物运抵内河港口，大幅缩短贸易的时空距离。

平陆运河犹如一条蓝色的纽带，将海洋强国战略稳稳扎根于西江中上游沿岸城市，推动广西及整个西南地区豪迈地迈向"向海而兴、向海图强"之路，促使这些地区以更大的决心、在更广的领域融入中国与东盟各国的建设，开启发展新篇章。未来，随着平陆运河的持续发力，西南地区必将在经济浪潮中乘风破浪，书写属于自己的辉煌。

（三）平陆运河将提升北部湾港在全国沿海港口中的地位

平陆运河对于提升北部湾港于全国沿海港口中的地位起着关键作用。正如康安、罗继梅（2022）在《壮美八桂风正好 高挂云帆向海行》一文中所提及的，待运河建成通航，货运流量将显著增长，如同为北部湾经济区内的北部湾港安装了一台强劲的"助推器"，使其在全国沿海港口货物吞吐量的排名得以大幅跃升。

与此同时，运河的辐射范围广泛，能够直接惠及广西南宁、钦州、北海、防城港、柳州、贵港、崇左、玉林等诸多城市，为北部湾经济区南钦北防一体化发展进程按下"加速键"，让南宁、北海、钦州、防城港城市群的地位愈发稳固。在向海经济发展的浪潮下，平陆运河将持续发力，助力北部湾国际门户港蓬勃建设，推动广西朝着"向海图强、开发开放"的目标破浪前行。阮晓莹等（2022）在《给南宁带来一片海——南宁以平陆运河建设为契机加快建设港产城融合发展的滨海城市》中也强调，平陆运河的建成，将以其强大的带动力，进一步发展向海经济，给这片土地注入源源不断的活力，为北部湾国际门户港建设注入强大动力。[1]欧阳斌（2022）曾指出："运河的建成将打通广西开放发展的'任督二脉'，推动形成陆海内外联动、东西双向互济的全方位开放格局，深刻改变广西产业布局、经济社会发展格局。"这充分彰显了平陆运河对广西发展无可比拟的重大意义。

---

[1] 阮晓莹,韦静,杨盛.给南宁带来一片海——南宁以平陆运河建设为契机加快建设港产城融合发展的滨海城市[N].南宁日报,2022-08-29（3）.

(四)平陆运河将为沿线城市及邻近区域高质量发展注入新动能

平陆运河宛如一台强劲的"引擎",为沿线城市及邻近区域迈向高质量发展之路注入澎湃新动能。作为西部陆海新通道的骨干工程,平陆运河的建设蓝图涵盖了航道工程、航运枢纽工程、沿线跨河设施工程以及配套工程等多个板块,总投资高达727.3亿元,其规模之大、影响之广,令人瞩目。

在平陆运河项目热火朝天的建设进程中,对建材、设备以及配套服务的需求将呈现出井喷之势。诸如水泥、钢材、砂石、板材这类基建"基石",还有设备的维修养护等关键服务,都须得到全方位、强有力的保障。在此契机之下,运河沿线及周边区域凭借得天独厚的资源优势和近水楼台先得月的地缘优势,得以深度嵌入平陆运河的建设浪潮。当地的建材企业、设备厂商以及配套服务供应商可积极投身其中,凭借自身实力在激烈竞争中斩获平陆运河项目建设的宝贵订单,进而带动本地相关产业蓬勃兴起,开启发展新篇章。

(五)平陆运河将助力实现"碳达峰、碳中和"发展目标

平陆运河的建设如同一把关键"钥匙",开启助力我国迈向"碳达峰、碳中和"宏伟目标的大门。内河航运恰似一位绿色"巨人",自身拥有运能巨大、成本低廉、节能显著、环保突出的诸多优势,稳当大宗货物中长距离运输的主力军角色。平陆运河携手广西沿海港口,创新推行河海联运模式,就如同为西部地区大宗货物运输开辟出一条全新"绿色通道",巧妙引导货物运输更多地向内河水运分流汇聚。这一转变,不但能大幅削减碳排放强度,给区域交通污染重重"踩下刹车",引领当地踏上绿色发展之路,而且每年还能像一位节能"卫士",守护大量能源不被无端消耗,为生态环境披上"防护衣",降低环境污染以及生态破坏风险,强有力地推动生态优先、绿色发展战略落地生根,为我国实现"碳达峰、碳中和"目标持续赋能。据相关领域专家严谨估算,到2035年、2050年,平陆运

河相较于当下的运输模式,将分别减少碳排放约66.3万吨、88.5万吨。[①]这些数字的背后,彰显的是平陆运河对绿色未来的坚定承诺。

第二节　平陆运河研究文献综述

笔者在中国知网以"平陆运河"作为主题词进行检索时发现,早期关于平陆运河的研究成果较为匮乏。追溯至民国时期,谭学衡基于珠江防洪的考量,提出挖掘一条新河用于排水的设想。[②]然而,在后续的发展进程中,由于受到政治、经济、社会等多方面因素的制约,针对这一设想展开深入研究的学者寥寥无几,相关的学术文章发表数量更是稀少。直至20世纪80年代,水利系统中才开始陆续有零星的研究成果发表。并且,这些研究主要集中在规划层面,如探讨如何进行渠化航道建设、确定航道的合理开挖深度、规划航道枢纽的设置数量,以及从缩短出海距离的角度出发,提出开凿平陆运河的建议等方面。

一、水利系统研究平陆运河的人员比较多

高广传(1983)曾提出,平陆运河并非全新构想,前人早已多次对其展开严谨的论证与精细规划。只是由于当时客观条件成熟,致使这一工程未能最终敲定。平陆运河起于郁江西津水库库区的广西横州市平塘江口,沿着平塘江逆流而上,行至沙坪墟后进入灵山县境,随后跨越分水岭,沿着钦江支流小西江顺势而下,直至陆屋墟融入钦江,再经平吉墟、钦州一路奔向前行,最终奔涌入海,其全长135千米。若以航程而论,从南宁出

---

① 王遂社.平陆运河:西部又添入海大通道[J].西部大开发,2022(10):42-45.

② 侯政,高劲松.从溯源的角度试析西部陆海新通道(平陆)运河的作用及其建设思路[J].大学教育,2022(4):264-266.

发,借由平陆运河从沙井港出海,全程共计275千米,相较从南宁沿着西江经梧州至广州出海的路线,足足缩短731千米航程,无疑是广西内河出海极为便捷的通道。该运河工程涵盖四个关键河段：平塘江口至沙坪墟这一区域属于西津水库回水区,主要施工内容为河道疏浚,同时对蜿蜒河道进行裁弯取直,让水流更为顺畅;从沙坪墟至马道头段,由于需要跨越分水岭,需依据通航标准全力开挖航道,平均挖掘深度在10至12米,最深处可达25米,以此确保船只能够顺利通行;马道头至青年水闸河段,地势陡峭、河水浅、河滩众多,计划设立包含青年水闸在内的7个渠化梯级,对航道进行渠化改造,每个梯级落差在6至13米,改善通航条件;运河出海段,即青年水闸至沙井港区域,是平陆运河连接海洋的"最后一公里"。开发平陆运河不仅航运效益不可估量,且可以充分结合水利资源开发,让两岸农田得到充足灌溉和滋养。此外,在巧妙利用钦江与西江洪水错峰的有利时机下,能够在不增加钦江下游防洪压力的前提下,合理分洪,有效减轻郁江下游及钦江两岸的防洪重担。①

韦民翰（1994）曾指出："单从发电、供水以及灌溉等多个维度所产生的作用与效益来看,平陆运河在发电领域的成效并不显著。不过,它却如同一座坚实的'水塔',能够稳稳保障钦州市与港区的用水需求,同时还能拓展部分区域的灌溉范围,为现有的灌溉体系加上一道'保险锁',提升其保障的可靠程度。"钱挹清（1995）也发表类似见解："打造平陆运河,实则是开启一项实现跨流域通航的浩大人工工程,它具备诸多闪光点,投资成本相对较低、航线里程简短、落地实施难度不大。这条运河如同一条纽带,连通郁江与钦江,全长精准定格在135公里,成功为西江开拓全新出海路径。当然,开发建设进程需把握好时机,要等百色水利枢纽顺利竣工,毕竟郁江缺乏大型水库的灵活调节,枯水季极易面临水源短缺困境。而只要平陆运河大功告成,那带来的利好可不止一星半点,一方面能像一条输水动脉,将郁江的水调配至钦州地区,化解当地淡水供应的燃

---

① 高广传.西江航运与综合开发设想的介绍[J].人民珠江,1983（5）：40-41.

眉之急；另一方面，大幅缩减南宁出海的路途距离，为华南、西南地区外向型经济蓬勃发展注入强劲动力，其战略意义不言而喻。"

1998年，时任交通运输部珠江航务管理局局长赖定荣提出独到见解："待右江百色水库竣工后，会对驮娘江和右江进行渠化，让开凿滇桂运河具备现实基础。彼时，连接右江与南盘江的时机将水到渠成，进而能够打通滇东南地区借道右江至郁江，再通过开凿平陆运河，从钦江一路畅达北部湾的水上快捷通道。只不过，珠江干支流全面渠化以及四大运河的成功开通，预估还需耗费半个多世纪的光阴。但当这一蓝图成为现实，珠江、长江流域以及华东、中南、西南、华南地区的水运将如同一张紧密交织的大网，互联互通，助力中国迈入世界内陆水运强国之列。"[①]

覃爱民（2006）曾发表看法："平陆运河倘若得以开发，那无疑等同于为广西乃至整个西南地区精心开辟出一条通江达海的'快速路'。货物若从西南地区出发，借由平陆运河奔赴海洋，相比较取道广州黄埔港，运输里程将锐减560公里，这般显著的航运优势一目了然，势必如同强劲的助推器，为广西经济腾飞注入磅礴力量，大步推动当地发展进程。"[②]

傅穗生、梁东琼（2008）指出："着手开发建设平陆运河之际，必须秉持高瞻远瞩的眼光，以高标准精心擘画高级别、契合未来航运发展走向的航道蓝图。尤其是在梯级化建设区域，对于船闸的规格尺寸、通航承载能力以及过水发电效能等诸多关键要素，都要展开全方位、细致入微的评估，确保运河从起步就具备坚实的发展根基。"[③] 同一时期，黄灵勇（2008）也发表见解："平陆运河宛如一条灵动的纽带，串起西江航运干线与北部湾，打通两者间的水上梗阻。当下应快马加鞭推进前期筹备事宜，力求项目早日破土动工。待平陆运河竣工，其优势尽显，郁江平塘河口以上的内河货物若选择由此出海，相较于从广州港出发，航程将大幅缩短570公里，无疑是内河出海最为便捷的路径。更为关键的是，平陆运河的

---

① 赖定荣.开发珠江航运资源服务大西南经济[J].珠江水运，1998（1）：9-11.
② 覃爱民.抓住新机遇，加快广西水运发展[J].珠江水运，2006（4）：40-41.
③ 傅穗生，梁东琼.提升广西内河航道通过能力[J].中国水运，2008（1）：36-37.

建成，让广西南宁等西江干线沿线区域摇身一变成为'沿海地带'，这种地理属性的转变将像催化剂一般，深度激发区域经济活力，促使广西沿海港口的辐射触角得以向内陆充分延展，带动内陆经济蓬勃发展。"①

二、社科类科研人员研究平陆运河的比较多

彭永岸、曾昭权（1993）有深刻洞察："开启平陆运河的兴建工程，有着非凡意义，它能助力钦州港华丽转身，成为兼具海洋与内河航运优势的综合性港口。回首过往，诸多部门曾多次围绕平陆运河展开严谨论证，最终确认其可行性。从规划蓝图来看，近期将赋予它通航300吨船舶的实力，着眼长远，更要将通航能力提升至1000吨。平陆运河恰似一条灵动的水运脉络，连通西江与钦江水系，如此一来，源自南宁、柳州方向的各类物资，搭载内河船只便能径直通过运河奔赴钦州港。钦州港借此契机，摇身一变，兼具海洋与内河航运机能，如同被点亮的经济灯塔，必将强力带动周边地区的经济蓬勃兴起，迈向繁荣昌盛之路。"②

欧柏清（1996）曾有如此阐述："聚焦平陆（平塘至陆屋）运河的引水工程，其核心目标有二。其一，致力于疏浚航运路径，打造西江出海的便捷通道，成效显著，能让广西内河出海里程锐减550至570公里，为内河航运开辟新天地。其二，借助引水之举，化解钦州市城区以及钦州港口灌溉用水的供给难题，为区域发展提供水资源保障。需要注意的是，平陆运河的水源取自西津水库，鉴于当下郁江上游缺乏大型水库来调控枯水季径流，致使水源紧缺，难以足额供给运河所需水量，唯有静待郁江上游的百色水利枢纽竣工，通过科学的水量调节，运河的开发利用方能步入正轨。再者，运河建成之后，沿线城镇必将搭乘发展的快车，迅速崛起，然

---

① 黄灵勇.中国-东盟交通合作战略航运规划初探[J].西部交通科技，2008（5）：109-112.

② 彭永岸，曾昭权.钦州港的环境条件和开发设想[J].地域研究与开发，1993（4）：25-28，46-48.

而随之而来的环境问题也不容小觑。一方面,大量生活污水极有可能直排入河,对运河水质构成威胁;另一方面,依据运河规划的通航能力,吨级船队往来穿梭,水流流速趋缓,油污污染问题极易滋生。尤其是青年水闸取水处,此地水质能否达到城市饮用水标准,尚需严谨的环境影响评价来'把关',若不达标,那就不得不另辟蹊径,直接从西津水库取水,以保障用水安全。"[1]

黄荣胜与彭及桐(2002)提出:"广西的地理优势得天独厚,坐拥近乎占全国十分之一的漫长海岸线,还配备了在全国名列前茅的河运水系网络。此时若动工开挖平陆运河,便能搭建起河海联运的'桥梁',实现两者无缝对接。对于广西、云南、贵州三省而言,意义重大,内河船只借助西江出海,航程将大幅缩短。就拿南宁来说,经平陆运河出海,整个航距仅仅275公里,相较于绕道梧州奔赴珠江口再出海,足足近了731公里,如此显著的距离优势,无疑为区域航运发展注入了强大动力。"[2]

文冰(2003)指出:"倘若开凿平陆运河,将会开启全新的航运局面。一方面,千吨级的船队便能从钦州湾一路畅行无阻地上溯至南宁,极大地拓展了航运的纵深;另一方面,对于梧州等地区而言,如同迎来了一个近在咫尺的本土出海口,为区域发展带来新机遇。更为关键的是,它成功地将金三角港与西江及其诸多支流,像是浔江、郁江、右江、左江、柳江、红水河、黔江、桂江等紧密相连,仿佛编织出了一张能直通海洋的内河水运大网,让整个水运体系的联动性与便捷性得到质的飞跃。"[3]

张建民(2004)认为:"南钦运河,这条连通广西首府南宁与北部湾滨海城市钦州的水上要道,意义重大。它成功贯通西江与北部湾,为广西开辟出一条行程大幅缩短的全新出海口路线。值得一提的是,鉴于云南省富宁市至广西百色市水域能够畅行千吨级船舶,如此一来,南钦运河也为

---

[1] 欧柏清.钦州城区供水现状及水源规划[J].人民珠江,1996(6):42-43.

[2] 黄荣胜,彭及桐.大枢纽:广西经济的重动力(十一)[J].计划与市场探索,2002(11):44-48.

[3] 文冰.开发钦州湾:西江运河对钦州港的发展意义[J].中国港口,2003(5):32-33.

云南递上了一个距离更近的出海选择。不仅如此，对于贵州省而言，同样是重大利好，云南省沿西江主干流东行的船只，以及贵州省顺着西江北线支河南下的船只，均可从贵平转至西江南主支流，继而驶入'南钦运河'，最终从北部湾扬帆出海，这无疑是为贵州额外增添了一个出海口。在建设规划层面，南钦运河建议由广西壮族自治区依据交通运输部的运河设计规范牵头组织施工。其设计标准要求能够通行500吨级海轮，并且确保年通航能力超过1500万吨。同时，借助现代科技手段来运营管理这条现代化运河，考虑到运河未跨省域，后续运营可由广西独立自主开展，充分发挥自身优势推动运河高效运行。"[1]

吴龙章（2005）曾发表见解："倘若向西南方延伸开掘平陆运河，将会达成一项意义非凡的创举——把西江的航运脉络一路延展至北部湾。这条运河一旦开通，所带来的利好是全方位的。一方面，能让西江上游的浔江、郁江，还有它们的支流桂江（漓江）、柳江，以及更上游的左江、右江等水系的出海路径变得无比便捷，极大地提升了航运效率；另一方面，从宏观区域经济联动角度来看，它将进一步拉紧我国西南地区乃至华中地区各个省市与东南亚各国之间的经济纽带，为国际交流合作注入新活力，促进跨国经贸往来蓬勃发展。"[2]

廖可阳（2012）指出："广西的地理优势得天独厚，坐拥近乎占全国十分之一的绵长大陆海岸线，内河航道资源也极为丰富。若想让西江航运的蓬勃发展与北部湾出海通道实现完美的协同联动，关键一招便是建设平陆运河，借此达成广西梦寐以求的江海联运新格局。"[3] 刘江洁等（2008）提出，一旦平陆运河顺利通航，那就如同打通了区域水运的"任督二脉"，

---

[1] 张建民.知识经济与珠江未来[C]//第九届全国内河船舶及航运技术学术交流会论文集，2004：13-17.

[2] 吴龙章.整治和延长西江航道与珠三角经济发展的思考[J].钦州师范高等专科学校学报，2005（3）：70-83.

[3] 廖可阳.广西平陆运河通航资源开发与利用[C]//首届"苏浙闽粤桂沪"航海学会研讨论文集，2012：183-186.

能迅速将西江航运干线与广西北部湾的三大海港紧密相连。不仅如此，依托平陆运河以及西江航运干线的内河航道，如同编织纽带一般，进一步把中国华南地区的主要沿海港口也串联起来，最终构建起一个"河海相通、水路联运"的综合性水路运输网络。① 这张网络一旦成型，必然会像一台强劲的引擎，为广西的经济社会发展注入源源不断的活力与澎湃动力，推动广西向着更高质量的发展阶段大步迈进。

三、北部湾经济区上升为国家战略之后成果增加

自2008年北部湾经济区上升为国家战略之后，研究平陆运河的学者开始从更多角度开展研究和论述。

郑雅（2009）认为："当平陆运河成功打通，犹如搭建起一座桥梁，让广西沿海与内陆城市得以无缝对接。就拿南宁六景（工业园区）来说，此地运往钦州的货物自此有了直通大海的便捷路径，运费成本大幅削减。再看来自左江、右江流域的货物，像百色地区的各类物资，同样能够借道南宁顺畅奔赴海洋。而处在西江下游的贵港市，也因平陆运河迎来新契机，从这里扬帆起航，整个航程相较以往能缩短600至700公里之多。随着北部湾的蓬勃开放与持续发展，钦州已然崛起为重要的工业城市。倘若平陆运河顺利开通，水运的瓶颈得以破除，无疑将为钦州的工业腾飞装上一对有力的翅膀，极大地助推当地工业大步向前迈进，注入源源不断的发展动力。"②

黄华文（2022）提出："平陆运河破土动工，如同在西部陆海新通道的建设版图上落下一枚关键'棋子'，成为贯通南北、衔接陆海、促进沿线协同发展的核心纽带。一是内河通道建设亟需快马加鞭。平陆运河开通之际，就在钦州港精心打造一个江海联运的关键换乘节点，如同搭建一个精密的'交通枢纽'，借此构建起高效且无缝对接的内河通道运输系统。

---

① 刘江洁，王秋霞，黄梅.做好"内河和出海"两篇文章[N].中国交通报，2008-10-17（8）.

② 郑雅.前后两大提案绘出"黄金水道"蓝图[N].南宁日报，2009-01-14（10）.

同时，积极谋划开行钦州港至西江航运干线、湘桂运河等沿线的集装箱班轮航线，让货物运输如同在高速路上畅行。二是过江通道建设刻不容缓。应当进一步考量对现有过江通道进行扩建，或是依据需求全新打造过江通道。并且，充分借助水运得天独厚的优势，大胆探索诸如南宁、柳州、百色、贵阳、昆明等地货运滚装运输、甩挂运输等前沿新业态，为物流运输注入新活力。三是统筹规划港航服务体系势在必行。着力提升平陆运河沿河的农业、工业发展层级，精心雕琢现代物流体系这一'利器'，进而有力推动江海宜居城的建设进程，促进城乡融合向纵深发展，为乡村振兴添上浓墨重彩的一笔，开启区域发展新篇章。"[①]

阮成武（2022）认为，平陆运河身肩重任，作为西部陆海新通道的骨干工程、关键牵引力量，承载着厚重的历史使命。钦州市此刻正站在时代风口，面对这百年难遇的契机，理当紧紧攥住，主动投身到平陆运河经济带的高水平打造进程之中。要锚定河港产城融合发展这一航向不动摇，鼓足干劲推动交通、产业、国土三大关键领域的空间布局重塑。一方面，精心铸就以中国（广西）自由贸易试验区钦州港片区为核心的钦州枢纽经济示范区，使其成为区域发展的强劲引擎；另一方面，通盘考量以钦州主城区和沿线乡镇为集群的产业规划，将它们整合为南钦北防城镇发展轴（带）稳健前行的空间依托。与此同时，凭借精心构建的完善立体交通网络，搭配高效运转的多式联运物流体系，如同搭建起四通八达的'桥梁'，精准对接西南、中南的广袤腹地，进而联通粤港澳大湾区与东南亚地区。[②]

四、现有平陆运河研究的局限性

笔者通过查阅大量相关平陆运河的文献，发现前期期刊论文和有关著

[①] 黄华文.加快西部陆海新通道钦州港出海枢纽建设[J].经济，2022（1）：97-99.
[②] 阮成武.钦州市助推平陆运河经济带高水平建设高质量发展研究[J].桂海论丛，2022，38（5）：93-98.

作多集中在尽快开凿平陆运河，开挖平陆运河可为广西缩短出海距离、可为钦州地区经济发展提供淡水等角度，但对于平陆运河经济带布局规划、平陆运河沿岸文化的传承与保护、平陆运河经济带与广西自贸区钦州港片区联动发展等研究成果不多。此外，从广西层面上来看，现有文献中对平陆运河经济带与广西向海经济发展、平陆运河与广西内河港规划布局、平陆运河与物流运输体系等研究存在一定的缺位。

自2022年8月平陆运河开工建设以来，学者开始从更多角度研究和论述平陆运河建设。如钦州市委党校于2023年3月举办了平陆运河建设学术交流会，共收到了学术论文、调研报告52篇。提交论文的专家学者围绕平陆运河建设发展、党建引领推动、沿线历史文化保护与开发、交通物流基础设施建设、产业协作与发展、生态保护、乡村振兴、城市间经济合作等多维度、多层次、多视角开展了深入的研究，为笔者的研究提供了有益的启发。

第三节　基本概念和基础理论

美国著名行政学家埃莉诺·奥斯特罗姆曾经说过："要想成功地解决问题，首先要确定我们在哪里，然后才能确定我们的方向。"可见，研究平陆运河建设，首先是要明确涉及平陆运河建设的有关核心概念。[①]

一、基本概念

（一）运河

究竟什么是运河呢？通常而言，运河指的是通过人工之力开凿，专

---

① 刘梅珠.珠江水系内河干线航道管理体制研究[D].大连：大连海事大学，2019：7.

用于货物、人员运输等用途的河流。其形成途径主要有三种：第一，纯粹依靠人工挖掘，从无到有造就一条水道；第二，针对天然水道，采取拓宽、加深等工程手段，使其满足航运需求；第三，把人工开挖的水道与既有的河流、湖泊巧妙串联起来，整合为一条连贯的航道。值得一提的是，"运河"这一名称，最早现身于宋代。① 2004年版《中国大百科全书》中这样解释："运河就是人工开凿的航运渠道，用以沟通不同的江河、湖泊、海洋，缩短通航里程，改善通航条件。"② 开凿运河是我国劳动人民改造河山的伟大创举。我国著名的运河有京杭大运河、隋唐大运河、灵渠等。③ 京杭大运河在中国历史上是一项标志性工程，它沟通了海河、黄河、淮河、长江、钱塘江五大水系。

运河对于中国而言，有着举足轻重的地位。究其根源，中国疆域广袤无垠，地域空间跨度极大，每日里人流穿梭、物流辗转的频次极高、数量极大。审视中国的自然水系格局，会发现绝大多数的天然河流呈东西走向，像黄河、长江、淮河等几大水系，它们起初近乎平行地奔流向海，彼此间缺乏连通，这就使得南北方向的水运流通面临困境，亟须开凿运河来打破僵局、实现贯通。

回溯历史，早在春秋时期动工开凿的邗沟，便是一条典型的南北向人工水道。纵览中国漫长的历史进程，诸多具有重大影响力的运河，无一不是顺应南北向运输需求而生。它们宛如一条条灵动的纽带，跨越地域阻隔，将南北各地紧密相连，为庞大国土上的资源调配、经济交流、文化传播架起通途，成为维护国家统一、推动发展的关键基础设施。④

---

① 田德新，吴文非.中国大运河的名称变迁及其文化内涵的开放性研究[J].中国名城，2020（6）：89-95.

② 高关中.世界著名海运运河一览[J].百科知识，2021（16）：66-72.

③ 姜师立.运河学的概念、内涵、研究方法及路径[J].中国名城，2018（7）：71-79.

④ 葛剑雄.中国历史地理中的运河[J].江苏地方志，2021（4）：30-33.

（二）内河水运

水运即水路运输，是在海洋、河流等水域以港口为起止或中转、以船舶为工具的一种交通运输方式。内河水运是包括河流、湖泊、运河在内的内河水道运输，还包括航道、港口、船闸等一系列为水上运输提供服务的公共工程基础设施。相较于其他运输方式，内河水运比较优势明显。① 水运具有运能大、成本低、排放少的比较优势，能为内地腹地提供便捷的通江达海运输通道。通过运河联通工程，把互不相通的天然河流航道联通起来，可在区域内重构一条低成本、大运能的交通大动脉。② 据统计，水运成本是铁路运输成本的1/2、公路运输成本的1/5、航空运输成本的1/20（见图1）。③ 据测算，一艘万吨级的货船与100节火车车厢或400辆大型卡车的载重量相当。

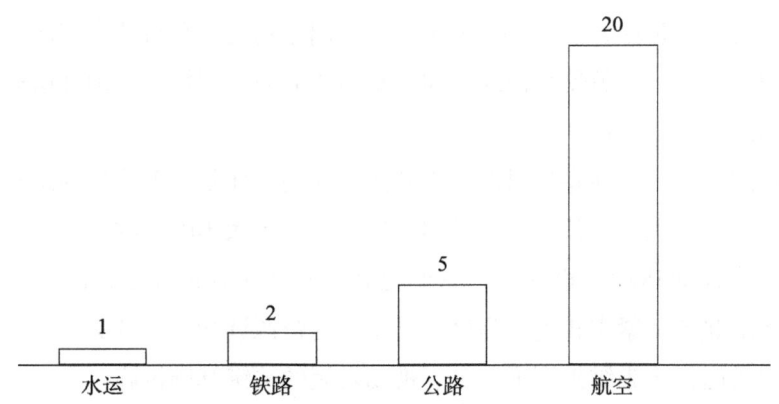

图1 四种交通工具单位运输成本比较（来源：尹继承绘）

---

① 刘栋.跨域治理视角下京杭运河山东段水运问题与对策研究[D].济南：山东大学，2021：11-12.

② 韩鑫.高铁时代，我们为何还要修运河?[N].人民日报，2024-11-14（12）.

③ 李世泽,董大为,谢廷宇.平陆运河经济带产业高质量发展研究[J].桂海论丛，2023，39（1）：43-50.

（三）运河文化

运河文化属于一种跨水系、跨领域的区域性广义文化系统，是包括运河设计、开凿、管理、运营在内的，沿运河流域政治、军事、经济、文化、科学等一切社会活动的总和，同样包含着理念、哲学观念、价值形态和政治、军事、文化、经济需求等。[1] 一条静静流动的人工河并不构成一个特定的文化概念，只有当它深刻影响整个流域人们的思想意识、价值观，以及流域的社会结构、居民构成、风俗习惯、生产生活方式等方面时，才能创造出独特的社会群体和文化形态，形成一个充满活力、开放的广义文化体系。[2]

运河文化是在运河开发、开发之后承担航运时，由南来北往的船只和人群所带来的不同文化在交流和碰撞时产生。运河文化是多重文化融合而形成的文化，是依托于运河及沿线的风土人情逐渐形成的一种文化。[3]

总之，运河文化乃是人类在特定的社会历史条件下，通过跨自然水系的通航、漕运，促进运河流域不同文化区人们在思想意识、价值形态、社会理念、生产方式、文化艺术、风俗民情等领域广角度、深层次交流融合，推动沿运河流域政治、经济、文化、科技等方面发展而形成的一种跨水系、跨领域的网带状区域文化集合体。[4]

（四）西部陆海新通道

1."西部陆海新通道"的由来及发展

2017年2月，时任国务院副总理张高丽和新加坡副总理张志贤共同提出利用海陆通道优势建立一个和"海上丝绸之路"相衔接的海陆贸易路线。2017年3月，重庆、广西等对中新（重庆）互联互通示范项目达成共识。

---

[1] 王娜，郑孝芬."大运河文化带建设"背景下标志性文化研究：以大运河苏北段为例[J].淮阴工学院学报，2018，27（2）：6-10.

[2] 王永波.运河文化的运动规律及其启示[J].东南文化，2002（3）：65-66.

[3] 贾飞.大运河山东段文化旅游开发研究[D].济南：山东师范大学，2018：11.

[4] 王永波.运河文化的运动规律及其启示[J].东南文化，2002（3）：65-66.

2017年4月，广西与新加坡贸工部签署了合作共建南向通道的备忘录。南向通道建设初期，得到了国家层面的高度肯定。2017年9月，习近平总书记在会见时任新加坡总理李显龙时强调，"一带一路"建设是当前两国合作重点，希望双方建设好中新（重庆）战略性互联互通示范项目，并在地区层面推动其他国家共同参与国际陆海贸易通道建设。2018年11月，时任国务院总理李克强访问新加坡期间，正式将"南向通道"更名为"国际陆海贸易新通道"。2019年8月15日，国家发展改革委印发《西部陆海新通道总体规划》。按照规划，"新通道"所涉地区覆盖的直辖市和省（自治区）主要有：重庆市、广西壮族自治区、内蒙古自治区、海南省、四川省、贵州省、云南省、西藏自治区、陕西省、甘肃省、青海省、宁夏回族自治区、新疆维吾尔自治区。由此，西部陆海新通道建设正式上升为国家战略。[1]

2.西部陆海新通道骨干工程

西部陆海新通道是以重庆为运营中心，以广西、贵州、甘肃为关键节点，以东盟国家为联通对象，利用海陆空等联运方式，从北向南经重庆、贵州、云南、广西等地出海出境，通达东盟国家，辐射全球。该通道是我国西部地区南北走向的物流大动脉，[2] 将打破中国传统的东西物流格局，建立一条新的国际陆海贸易通道，缩短货运时间，节省物流成本，促进贸易便利化，拓展中国西部市场，赢得更多商机。

西部陆海新通道建设正式上升为国家战略，为西部地区开放开发带来了重大发展机遇。[3]《西部陆海新通道总体规划》精心擘画了三条至关重要的西部陆海贸易"主干道"，其中西通道为成都—泸州（宜宾）—百

---

[1] 李尤健.广西向海经济与"西部陆海新通道"协同推进研究[D].南宁：广西大学，2021：9-10.

[2] 陈林玉，喻澜迪.西部陆海新通道建设下广西物流发展的思考[J].财富生活，2020（2）：114-116.

[3] 侯名芬.西部陆海新通道高质量建设视域下广西钦州港发展研究[J].中国西部，2021（5）：49-55.

色 — 北部湾一线，中通道是重庆 — 贵阳 — 南宁 — 北部湾，东通道则是重庆 — 怀化 — 柳州 — 北部湾，借此构建起重庆、成都、北部湾港等关键的陆海通道枢纽，稳步推进西部大开发迈向全新格局。而平陆运河的开工，宛如一把钥匙，为这三条既定的"出海"路径解锁了新可能。往昔，我国西部内陆地区的出海通道大多呈东西走向，就拿西北的甘肃兰州来说，货物出海往往依赖亚欧大陆桥，奔赴天津港、连云港；重庆、成都等地则借助长江水道，从上海港走向世界。这意味着，西部的海量货物基本需从东部沿海港口扬帆起航。如今，西部陆海新通道突破性地开辟出一条南北走向的出海新通道，中西部的货物得以取道北部湾港奔赴海洋，此举不仅大幅缩减了运输距离，还如同给物流成本做了"减法"，为区域经济发展注入强劲动力，让西部与海洋的连接更加紧密高效。

四大重要枢纽，把重庆建设为通道物流和运营组织中心、广西建设成为北部湾国际门户港，使成都发挥国家重要商贸物流中心的作用，海南则充分发挥区域国际集装箱枢纽港作用。

二、基础理论

（一）点轴开发理论

点轴开发理论由波兰经济学家萨伦巴和马利士最先提出。点轴开发理论强化交通轴线（公路、铁路、河流等）对点与点之间的串联沟通，注重促进区域间人流和物流的转移、降低总运输成本，在区位优势明显的线路交会点集聚人口与产业等要素，形成局部经济增长点，在交通干线区域形成经济增长轴。国内对点轴开发理论的研究始于陆大道，他主张我国应重点开发沿海轴线和长江沿岸轴线，形成"T"字形战略布局。平陆运河作为广西唯一一条连通内河和北部湾的水运航道，串联起横州至钦州的经济带，形成密集的经济网络，运河沿线地区开发需以点轴开发理论为基础，以平陆运河为轴，以运河城镇为依托，强化对运河的经济、文化、生态等资源的利用，创造出有利的区位条件和投资环境。①

（二）增长极理论

增长极理论最早由法国经济学家佩鲁提出，其核心涵义是，在区域经济发展过程中，经济增长不会同时出现在所有的行业或部门，总是先出现在少数地理区位条件比较有利且继续快速发展的中心点（极点或城市）。20世纪80年代，我国开启区域发展理论探索的新篇章，引入佩鲁的增长极理论并应用于发展策略的制定。这一理论是在极化空间理论基础上的重大飞跃。佩鲁强调："增长的进程并非整齐划一，而是集中爆发于特定的增长点或增长极，其发展强度各有不同，随后凭借自身成长，通过多样化的传播路径，将发展活力辐射至周边区域，最终带动整体经济的繁荣。"在对经济发展实践的长期总结中，经济学家将那些在特定时段内于经济空间里扮演关键角色，对整体经济发展起到引领与助推作用的经济部门（产业）定义为增长极。这些增长极如同经济发展的核心引擎，凭借产业间的关联效应，有力地拉动其他产业共同发展，促使经济体系形成有机联动的发展格局。

城市绝非孤立存在、独自发展的个体，其与周边地区始终处于紧密的相互作用、相互影响的动态关系之中。从城市与周边区域的关联视角审视，增长极模式是推动地区经济高速发展的有效地域组织形式。这种发展模式通常借助某一关键产业，抑或是一组具有强大带动能力的产业集群来驱动地区经济的全面提升。以广西沿海城市为例，借助平陆运河的建设契机，全力打造运河经济带，这一举措意义非凡，不仅能够促使运河沿线城镇带、产业聚集带以及商贸物流带等实现深度融合、协同发展的崭新局面，还有利于对区域国土空间开发布局进行优化，塑造区域经济发展的全新驱动力，推动区域经济迈向新的规模层级，从而有力地推动广西强首府战略的实施，助力北部湾经济区实现高质量、高水平的建设目标。广西在

---

① 郭荣男.大运河文化带苏州段产业发展研究[D].苏州：苏州科技大学，2019：9.

发展海洋型经济的进程中，北部湾经济区无疑是至关重要的核心增长动力源。只有牢牢把握这一经济增长的关键引擎，充分发挥经济增长极的辐射扩散效应，才能实现广西经济的整体腾飞。此外，广西肩负着促进西南与中南地区开放发展的战略支点、"渝桂新"南向北向通道连接点、21世纪海上丝绸之路与丝绸之路经济带有机衔接点，以及面向东盟的国际大通道等诸多重大历史使命，已然成为国家众多战略布局中的关键节点。有鉴于此，将增长极理论与点轴模式引入本研究，为广西区域经济发展提供理论指引，不仅契合实际需求，更是十分必要且具有前瞻性的。①

（三）产业经济学理论

产业经济学是从中观层面研究产业经济发展规律的应用型经济学学科，也是结合具体国情资源禀赋探讨中国特色产业经济学研究的前沿理论。产业经济学作为一门极具应用价值的经济学学科，专注于深入剖析产业经济的发展规律。它并非孤立存在，而是紧密关联着宏观经济的整体走向以及微观经济主体的行为决策。在经济体系的庞大架构中，产业经济学犹如一座桥梁，连接起宏观经济的宏伟蓝图与微观经济主体的具体活动。

产业经济学研究范畴极为广泛，涵盖了产业结构的优化升级、产业组织的合理构建、产业布局的科学规划以及产业政策的精准制定等多个关键领域。通过对这些方面的深入研究，产业经济学致力于揭示产业发展过程中的内在规律，为推动经济的高效、可持续发展提供坚实的理论支撑与实践指导。当我们将视角聚焦中国这一拥有独特国情与丰富资源禀赋的大国时，中国特色产业经济学的研究便呈现出诸多前沿理论。由于我国地域辽阔，不同地区的资源分布、经济基础以及发展水平存在显著差异，因地制宜地发展特色产业成为推动区域经济协调发展的关键路径。例如，西部地区拥有丰富的自然资源和独特的文化资源，基于此，当地大力发展特色农业、文化旅游产业等，通过挖掘地方特色，培育出具有核心竞争力的产业集群，不仅带动了当地经济的快速增长，还促进了就业与社会稳定。广西

---

① 穆鑫. "一带一路"背景下广西向海经济发展对策研究[D].南宁：广西民族大学，2019：18.

贯彻落实"面朝大海，向海图强"的决策部署，就必须深入实施向海产业壮大、向海通道建设、海洋科技创新、向海开放合作等六大行动，做大南宁、北海、钦州、防城港等四市向海经济核心区，联动贵港、玉林、崇左等三市拓展区和柳州、桂林、梧州、百色、贺州、河池、来宾等七市辐射区，强化沿海经济带、西部陆海新通道经济带、平陆运河经济带等"五带"支撑。产业经济学在中国特色语境下，正不断探索创新，结合国情与资源优势，衍生出一系列前沿理论，为我国经济的高质量发展提供源源不断的动力。

（四）可持续发展理论

可持续发展理论的诞生与环境保护紧密相连。1962年，美国杰出女生物学家雷切尔·卡森（Rachel Carson）推出的环境科普巨著《寂静的春天》犹如一颗重磅炸弹投入社会舆论的海洋，在全球范围内引起轩然大波。这本书以细腻且震撼的笔触，揭示了过度使用化学药剂对生态环境造成的严重破坏，使得人们开始深刻反思人类过往的发展模式。1972年，在瑞典斯德哥尔摩召开的联合国人类环境研讨会上，"可持续发展（Sustainable Development）"这一议题首次被正式摆上讨论桌，成为全球目光聚焦的热点。来自不同国家的专家、学者以及各国代表们，围绕这一关乎人类未来走向的重要议题展开了深入探讨。1980年3月，联合国大会首次正式使用了"可持续发展"这一概念，为全球的发展理念开启了全新篇章。此后，可持续发展理论在全球不断发展与完善，深刻影响着各国的发展战略与政策制定。[①]

1987年世界环境发展和改革委员会对可持续发展理论作了权威定义，强调可持续发展理论就是既满足当代人发展需求，又不损害后代满足需

---

① 高翔.广西北部湾地区海洋非物质文化遗产旅游开发研究[D].桂林：桂林理工大学，2017：17.

求的发展模式。可持续发展理论一个重要的原则就是"持续性原则"[①]。可持续发展理论主要涵盖以下三个关键层面：一是生态发展可持续。倡导人类与大自然和谐共生，将切实保护人类赖以生存的自然环境视为重中之重。这要求我们深入考量并协调自然的承载能力，精心营造一种理想的生态系统，确保人类生存环境得以持续稳定。例如，在森林资源的利用上，实行科学合理的采伐计划，确保森林的自我修复能力不被破坏，维持生态平衡。二是社会发展可持续。强调满足社会基本需求的长期性，致力于保障资源与收入在当代人与各代人之间的公平分配。在不超越生态系统负荷能力的前提下，积极推动人类生活质量的提升。比如，在城市规划中，注重公共资源的均衡配置，为不同阶层的居民提供平等的教育、医疗等公共服务，同时注重文化遗产的保护与传承，让后代能够领略到先辈们留下的宝贵财富。三是经济发展可持续。主张在维持自然资源质量、不损害自然资源承载能力的基础上，构建可持续的经济增长模式，使经济发展的净效益实现最大化。例如，大力发展可再生能源产业，在减少对传统化石能源依赖的同时，推动经济的绿色增长，实现经济发展与环境保护的良性互动[②]。

如今，可持续发展的理念已成为众多国家制定发展战略时的核心指导思想。这一理念对于平陆运河的建设同样具有重要指导意义。在平陆运河的建设过程中，尤其是在开挖航道、疏浚航道的关键环节，充分展现了对可持续发展理念的践行。以平陆运河入海口段为例，那里生长着大片珍贵的红树林。运河建设者们高度重视对这些红树林的保护，采取了一系列行之有效的措施。他们在水面上铺设了两条长达数百米的橙色飘带，飘带下方连接着1.5米至4米的防屏，以此来防止施工过程中产生的泥沙危及红树林。防污帘采用独特的双层设计，上层为浮标，下层为坠子，不仅能够有效阻隔挖泥作业时产生的悬浮颗粒物，还具备一定的清洁功能，从而

[①] 许俊鹏.江淮运河经济带产业生态化驱动因素与发展路径研究[D].合肥：安徽财经大学，2020：7.

[②] 陈云飞.基于城市旅游竞争力提升的镇江运河旅游资源开发研究[D].扬州：扬州大学，2008：13.

将施工对沿岸生态环境的影响降至最低限度。这一举措生动地体现了运河建设者们对环境保护的重视，是工程建设与自然和谐共生的鲜活例证。这种在施工中尽可能地减少环境污染，力求实现经济发展与生态保护平衡的做法，让平陆运河的建设成为可持续发展理念的生动实践，为后续的大型工程建设提供了宝贵的借鉴经验。

第四节　研究方法和主要内容

一、研究方法

本书主要采用文献搜集、专题调研、座谈会等方法开展数据收集和研究工作。

（一）文献资料搜集

数据来源渠道有：一是中国知网、万方数据库、国家哲学社会科学学术期刊数据库。二是政府部门官方网站发布的新闻。三是涉及平陆运河建设的广西壮族自治区有关政府职能部门。分析这些职能部门的总结、工作计划和出台的有关政策，作为研究的基础。四是搜集整理近年来国内外有关领导及专家对平陆运河建设的政策解读、平陆运河建设研究的学术成果，从宏观和理论上支撑平陆运河建设研究。

（二）专题调研

围绕平陆运河建设环保、平陆运河沿线农民转移、平陆运河产业布局、平陆运河拆迁等问题设计问卷并开展问卷调研。沿着平陆运河沿线的横州市、灵山县、钦北区、钦南区的部分镇（村）进行实地走访，撰写分析报告，为研究提供技术支撑。

（三）座谈会

赴广西壮族自治区发展改革委、交通运输厅、水利厅，以及钦州市交通局、灵山县委组织部、钦北区委组织部、钦南区委组织部等有关部门就平陆运河建设过程中存在的问题进行座谈，结合广西及本地区本部门实际，共同探讨研究，提出可操作的对策建议。

二、主要内容

研究采用历史文献法、理论研究与应用研究相结合的方法，以公共产品理论、整体性治理理论为基础，以平陆运河建设作为研究对象，通过对平陆运河建设现状进行分析，同时借鉴国内外运河建设规划的先进经验，探索并提出完善平陆运河建设的对策建议，主要内容如下。

第一章介绍研究平陆运河建设的背景、意义和平陆运河研究文献综述。此外，论述与平陆运河相关的概念及理论基础，对文中涉及的内河、运河文化、西部陆海新通道、增长极理论等进行界定和阐述。第二章对中国运河史、广西古运河史等进行回顾。第三章介绍平陆运河总体规划、当前建设概况和地方配套服务政策。第四章重点介绍如何高质量谋划平陆运河经济带。第五章对平陆运河与向海经济进行研究，阐述钦州未来如何借助平陆运河发展向海经济。第六章围绕借力平陆运河建设的契机和资源，探讨如何优化完善钦州多式联运体系建设。第七章介绍充分利用平陆运河建设这个重大机遇，推进平陆运河钦州段乡村振兴。第八章阐述平陆运河沿线县区如何抓住机遇加快发展现代特色农业。第九章对平陆运河与构建运河文化带进行研究，阐述如何挖掘平陆运河文化，构建文化带。第十章对平陆运河沿线供水保障体系进行研究，对运河沿线经济社会的发展、水资源的保护、生态治理等工作展开探讨。第十一章阐述建立平陆运河及近海航运交通气象服务系统，为平陆运河及近海航运交通提供高质量的气象服务保障。

第二章　中国运河的古往今来

纵观历史，我国运河历史悠久，线路绵长，分布地区辽阔，在世界运河史上占有光辉灿烂的一页。[1] 据史料记载，中国大运河开凿始于春秋时期，初为各诸侯国争霸之需。运河在中国历代政治、军事、经济、文化发展中发挥了重要的历史作用，创造了灿烂的江河文化。[2]

第一节　中国运河

中国大运河源于春秋，发展于秦汉与隋唐，兴盛于明清。而其中最著名的是春秋时期吴国开挖的邗沟。当时，吴王夫差北上与齐、晋争锋，称霸中原，为解决军事物资与给养及时补给等问题，于公元前486年，从今扬州附近开挖运河，引长江水向东北入射阳湖，然后折向西北，到今淮安市附近进入淮水。夫差在运河入长江口处修筑了城池，名叫邗，河因城得名，称为邗沟。邗沟是我国历史文献中记载的第一条有确切开凿年代的运

---

[1] 马正林.中国运河变迁的基本特点[J].陕西师大学报（哲学社会科学版），1978（2）：67–75.

[2] 褚之田，黄怀文.让古老的广西水运再创辉煌[J].珠江水运，1998（S1）：6–11.

河。①

中国大运河由京杭大运河、隋唐大运河、浙东运河三部分构成，其中，京杭大运河是元、明、清时期在隋、唐、宋及以前开凿的运河基础上，通过在山东一带开凿会通河、济州河裁弯取直，并在北京开凿通惠河等新河段连接而成。京杭大运河包括通惠河、北运河、南运河、会通河、中（运）河、淮扬运河、江南运河及其他运河等河段；隋唐大运河是在春秋以来开凿的各段运河的基础上连接沟通而成，包括永济渠和通济渠主干河段以及广通渠、山阳渎（邗沟）、江南运河河段；浙东运河主要指春秋以来不断完善的杭州至宁波段运河。②

一、京杭大运河

京杭大运河最南端从余杭（今杭州）开始，最北到达涿郡（今北京）。京杭大运河是世界上开凿最早、通航里程最长、运输最繁忙的人工运河，它和万里长城并称为中国古代的两项伟大工程。③途经今浙江、江苏、山东、河北四省及天津、北京两市，贯通海河、黄河、淮河、长江、钱塘江五大水系，历史上是我国"南粮北运"和"盐运"交通动脉。④这条全长1794千米的人工运河，有力促进了中国南方和北方之间的经济、文化发展与交流，特别是对京杭大运河沿线的省市经济发展起到了巨大的推动作用。

京杭大运河开凿至今已有2500多年的历史，是古代劳动人民建造的

---

① 程玉海.中国大运河的形成、发展与繁荣[J].聊城大学学报（社会科学版），2008（3）：1-7.

② 吕娟.中国大运河河道变迁基本脉络及历史作用[J].河北水利电力学院学报，2022，32（2）：1-7.

③ 薛伟，吴苏舒，丁国莹，等.对京杭运河航运建设和文化遗产保护协调发展的思考[J].水利经济，2013，31（4）：70-72，76.

④ 张玮，冯宏琳.关于京杭运河与长江航运发展的思考[J].综合运输，2005（1）：32-34.

一项伟大工程，2014年被列入世界文化遗产，是我国第46个世界文化遗产。①

二、隋唐大运河

隋唐大运河是中国大运河的重要组成部分，始建于公元605年，完工于公元610年，全长2700千米。这条气势恢宏的运河，以洛阳为核心枢纽，一路蜿蜒南下，直至杭州；向北则直抵北京。它巧妙地贯穿了我国富庶的华北平原及东部沿海区域，将海河、黄河、淮河、长江和钱塘江这五大水系紧密相连，如同一条纽带，把京、津、冀、鲁、豫、皖、苏、浙等八省市串联起来。隋唐大运河的诞生，不仅极大地促进了南北物资的流通与经济的繁荣，更在文化交流、民族融合等方面发挥了不可估量的作用。它见证了无数朝代的兴衰更迭，承载着深厚的历史文化底蕴，成为中华民族伟大智慧与坚韧精神的不朽象征。

隋唐大运河作为世界上规模最大、开凿时间最早的运河，史称"南北大运河"，是我国古代南北枢纽交通的大动脉，对中华民族的绵延发展作出了巨大贡献。直到如今，隋唐大运河还在我国水利资源开发、历史文化研究以及运河文化观光旅游等方面起着巨大作用。②

三、浙东运河

值得一提的是，浙东运河的历史同样源远流长，它起源于春秋越国的山阴水道，堪称中国开凿时间最早且连续使用时长最长的运河之一。浙东运河主线全长213.1千米，西边与钱塘江相接，而后向东径直穿越萧绍平原，与浦阳江、曹娥江以及平原上的各个水系相互交织，一路向东延伸至

---

① 黄志军.京杭运河地理水文特性及对水运的影响[J].中国水运（下半月），2020，20（6）：171-172.

② 张慧.隋唐大运河的历史价值与保护[J].炎黄地理，2023（2）：74-76.

上虞，进而衔接余姚江。余姚江一路流淌至宁波，在这里与鄞江、奉化江汇聚成甬江，最终在甬江口流入东海。

浙东运河独具特色，由人工河段与自然河流共同构成了连续水道。它如同一张细密的脉络，几乎将浙东平原所有的河湖水系沟通起来，全方位整合形成了以运河作为东西骨干水道的浙东水网，并通过一系列控制工程对水资源进行了合理调控。①

第二节　广西运河

广西境内也有几条历史悠久的运河，如灵渠、桂柳运河、潭蓬运河等；在过去，广西古运河的开通，连通了广西与中南、西南地区，以及东南亚和中国南海。广西古今运河共7条，其中1条未修成。

一、桂北运河史

（一）灵渠

灵渠位于广西桂林市东北60千米的兴安县境内。灵渠古代有如下几种称呼：秦凿渠、零渠、陡河、兴安运河。秦始皇统一六国后，向岭南扩展，于秦二十八年（公元前219年），派监郡御史禄凿灵渠运粮，打通了南北水上通道，为开发岭南提供了重要保证。

灵渠渠首处用拦河坝壅高湘江水位，将其一股（今称南渠）通过穿越分水岭的人工渠道引入漓江上源支流，并对天然河道进行扩挖和整治后入漓江；将另一股（今称北渠）另开新渠屈曲于湘江右岸再入湘江。用拦河大小天平（用条石砌的溢流坝、铧嘴导水分水堤）、湘江故道和泄水天平，

---

① 李云鹏.论浙东运河的水利特性[J].中国水利，2013（18）：58-59.

综合地实现了分水、引水和泄洪等各项功能。渠道由人工渠、开挖天然溪流的半人工渠道和整治后的天然河流组成，南渠长33千米，北渠长3.5千米。这条运河通过铧嘴将海洋河三七分流，三分入漓江，七分入湘江。漓江向南汇入珠江，湘江北去融入长江，灵渠把长江水系与珠江水系轻巧地系在了一起。此后，这里也就成为连接中国南北以及中国与东南亚各国最便捷的水陆通道。①

灵渠在漫长的历史进程中发挥着不可忽视的作用，其意义广泛而深远，主要体现在经济、文化以及水利灌溉等多个维度。

在经济层面，灵渠的建成堪称具有划时代意义的重大事件。它成功跨越了岭南与中原地区之间的交通障碍，为两地搭建起了一座紧密相连的经济交流桥梁。凭借灵渠这一便捷通道，中原地区高度发达的农业生产技术以及琳琅满目的手工业产品，得以顺畅地流向岭南地区，为当地的经济发展注入强大动力。与此同时，岭南地区得天独厚的自然资源以及独具特色的各类商品，也得以反向输入中原市场，极大地丰富了中原地区的物资种类。这种双向的经济交流与互动，不仅有力地推动了岭南地区的经济腾飞，也进一步促进了中原地区的经济繁荣，从而在更广阔的范围内推动全国经济的协同发展与全面进步。

从文化角度来看，灵渠的通航为中原文化与岭南文化的深度交流与融合创造了有利条件。随着人员往来日益密切，两种文化在频繁的交流过程中相互碰撞、相互借鉴、相互吸收。中原地区源远流长的儒家思想、严谨规范的礼仪制度以及精彩纷呈的文学艺术等，如同涓涓细流源源不断地涌入岭南地区，对当地的文化发展产生了极为深刻的影响，促进了岭南文化的丰富与升华。而岭南地区独树一帜的民俗文化、别具一格的语言文化等，也逐渐被中原地区所知晓和接纳。这种跨区域的文化交流与融合，极大地增强了各民族之间的相互理解与认同，有效促进了民族凝聚力的提

---

① 交通运输部珠江航务管理局.以山为画，泼墨漓江[EB/OL].（2020-07-27）[2025-03-01]. https://zjhy.mot.gov.cn/zhuantizl/renwenzhujiang/gdjwguangxi/202008/t20200806_3447995.html.

升，为构筑中华文化多元一体的独特格局奠定了坚实基础。

在水利灌溉方面，灵渠除了具备卓越的航运功能外，其灌溉价值同样不可小觑。它巧妙地将湘江水引入漓江流域，成功实现了水资源在不同区域间的合理调配，为沿线广袤的农田提供了稳定的灌溉水源。这一举措显著改善了当地的农业生产条件，使得农作物产量大幅提高，为当地百姓的生活提供了坚实可靠的物质保障。灵渠的水利工程设计充分展现了古代劳动人民的智慧与创造力，其通过科学合理地设置分水、泄水等设施，实现了对水资源的高效利用与精准管控。这一先进的水利工程理念与实践经验，对后世水利工程的规划、设计与建设产生了深远的影响，成为后世水利工作者学习与借鉴的典范。

作为世界上最古老的运河之一，灵渠也是保存最完整的古代水利工程，与都江堰、郑国渠并称"秦代三个伟大水利工程"[①]。据报道，灵渠的陡门是世界上最早的船闸，被誉为"世界船闸之父"。1949年中华人民共和国成立后，对灵渠全面整修，基本保留了传统工程面貌，使其成为灌溉、城市供水和风景游览综合利用的水利工程。1988年被公布为国家重点文物保护单位（见图2），2018年被列入世界灌溉工程遗产名录。

图2　全国重点文物保护单位：灵渠（来源：尹继承摄）

---

① 李都安，赵炳清.历史时期灵渠水利工程功能变迁考[J].三峡论坛，2012（2）：14-19.

（二）桂柳运河

桂柳运河古称相思埭运河，因连接桂林和柳州而得名，是唐朝时期开凿的一条连接漓江和洛清江（其下游注入柳江）的一条人工运河。[①] 桂柳运河位于广西临桂区境内，又因与灵渠同在桂林，并且位于灵渠的南面，亦称南陡河。桂柳运河东起漓江支流良丰江，西至柳江支流相思江，全长16千米。其分水塘在运河的中部，水源来自狮子岩流出的地下水及附近山涧溪流。运河在排水河道的基础上，经过人工开凿而成，由分水塘起水往东西两面流。以东称东渠，以西称西渠，分离后不再相遇，这也是其最早名称相思埭的由来。[②]

桂柳运河在历史上最重要的意义在于它具有航运功能。航运分为公务水运和民用水运。从唐朝修建桂柳运河的出发点来看，桂柳运河上的官船在政治、军事上所起的作用与灵渠相似。基于唐代发展岭南的需要，这条水运航道在古代成为连接桂林和柳州的主要水运纽带。大量军需物资依靠这条运河运输，使统治者能够通过桂林迅速控制整个岭南和西南地区。这体现出了桂柳运河在当时军事后勤保障方面发挥关键性的重要作用。

在民用水运方面，许多商人和平民也使用桂柳运河运输货物。从《贵州航运史》可知，当时贵州地区缺盐。其他地方的盐可以从广西沿着桂柳运河往北航运到贵州，或者贵州的木材、药材、茶油等特产可以通过桂柳运河运出。此外，该运河还具有灌溉功能。桂柳运河为附近数百公顷农田的灌溉提供了丰富的水资源，引水塘的蓄水和引水功能可以调节干旱和洪水时期运河的水位和流量，有利于当地的农业和渔业生产。清代广西巡抚金鉷曾有一句话概括："水既归流，因时蓄泄，农民灌溉之余，又设鱼梁，令获淤池之利，民咸便之。"[③] 现在的桂柳运河不再是为了运输，主要是恢

---

① 缪钟灵,王力峰,宗凤书.桂林三大古水利工程的历史功能及现状[J].桂林工学院学报，2003（4）：457-462.

② 唐凌.论广西桂柳运河沿岸地区商业系统的空间结构[J].广西民族研究，2010（2）：142-147.

③ 陈晓洁.广西三大古运河的概况及历史意义[J].传承，2012（11）：28-29, 43.

复生态，以生态旅游为主。2017年，广西壮族自治区人民政府将桂柳运河列为广西壮族自治区文物保护单位（见图3）。

图3　自治区文物保护单位：桂柳运河（来源：尹继承摄）

二、北部湾运河史

（一）西坑古运河

西坑古运河位于广西钦州市钦南区犀牛脚镇西坑村龙眼山村旁。据文献记载："西坑古运河痕迹长约25公里，宽4—5米。"[①] 河流依地势高低，从东北的大风江天然河道流入，向西南经九河渡、龙眼山河山框（岭），流向大灶江，经沙头港向东可沟通耳环江、金鼓江、钦州湾、防城港等地。其中，龙眼山至河山框（岭）段为人工开凿，现遗存的长度约5千米，河道宽10—15米，有明显的人工开凿痕迹。

河道水流方向为自北向南，只是其南端现今已被现代公路与水坝截断。经研究推测，原河道应是从截断处继续向西南延伸，进而与大灶江相互连通。2012年，钦州市人民政府高度重视这一历史遗迹，将西坑古运河遗址正式列为钦州市文物保护单位，彰显了对其历史文化价值的珍视与保护决心（见图4）。[②]

图4 西坑古运河石碑（来源：尹继承摄）

---

① 数据来源：钦州市博物馆。
② 田心.广西钦州"海上丝绸之路"历史文化遗址考证及评析[J].钦州学院学报，2017，32（2）：1-6.

修建西坑古运河的时间目前无法确定，但在《钦州志》里有这样的记载："九河渡，在州东之岭门村侧，距城一百一十五里，东通大观港，西达龙门。"九河渡的地理位置与西坑古运河基本吻合。该记载描述的通航区域跟西坑古运河沟通区域基本一致，且《合浦县志》提及马援开凿的运河"长七八里，阔五六丈"，也与西坑运河现存河道长宽较为相近。

据专家推测："西坑古运河有可能是东汉马援开凿运河的一段，或者是在马援开凿运河的基础上扩建。"西坑运河的开通，使得危险的外海航运变成了安全的内河航运，极大地缩短了大风江流域至合浦、钦州湾的距离，减少了大宗生活瓷器的运输成本，有效地促进了海上贸易的开展。[①]

（二）皇城坳古运河

皇城坳古运河（皇帝沟运河）遗址位于防城港市企沙半岛，东北起于垺箕涡，西段位于公车镇，因其靠近皇城坳古遗址而得名。[②]

据《防城县县志》所述，皇帝沟运河"东起钦州龙门生牛岭嘴，西至防城光坡乡的垺箕涡，长度约为12公里……"实际上，"皇帝沟"运河由两段组成。东北方为疏浚海汊部分，其中东北段长约2.5千米，西南段约2千米，从垺箕涡流出后抵达钦州湾，与龙门港相距约4.7千米。西南方则是挖掘陆地形成的河道，长度约5.5千米，整体算下来，其实际总长度大约10千米。运河经暗埠口江最终流入北部湾，距离防城港约8.4千米。"皇帝沟"运河一路穿过白沙、中间坪等17个自然村，在往昔岁月里极大地便利了"王城"与外部海域之间的交通往来，并与其他古运河段相互连接，共同构建起由钦州、皇城坳、潭蓬等三段古运河构成的广西北部湾古水运体系，对当时的海上贸易活动，起到了至关重要的交通支撑作用。如今的皇帝沟运河，虽仍能清晰瞧见昔日近九米宽的河床，但时过境

[①] 田心.广西钦州"海上丝绸之路"历史文化遗址考证及评析[J].钦州学院学报，2017，32（2）：1-6.

[②] 秦红增，杨琴.广西北部湾海上丝路古水运体系考述[J].文化遗产，2015（3）：5，151-156.

迁，早已失去了原有的航运价值。

（三）潭蓬运河

潭蓬运河位于防城港市江山半岛月亮湾附近的潭蓬村和潭西村之间，目前还遗存有一处连接防城港和珍珠港的古运河遗址。

潭蓬运河宽约8—12米（西段因后建水库蓄水部分河道被淹没，水面变宽处达35米），长约10千米，涨潮时可以通航。运河贯穿江山半岛中部，将西湾和珍珠岛连通，使沿岸行进的船只直航两个海湾，既避开了白龙尾的风浪、礁石风险，保证了航线安全，又大幅缩短了航程，便利了北部湾与安南（今越南）之间的海上交通，是古代中国与安南海上交通的一条捷径，其开通促进了"舟楫无滞，安南储备不乏"等繁荣景象的出现，有效保障了古代中国与东南亚国家的贸易往来，文化交流。据《岭外代答·天威遥》所录唐人"天威遥碑"：安南静海军地皆滨海，海有三险，巨石砼立，鲸波触之，昼夜震汹。漕运之舟，涉深海以避之。少为风引，循崖而行，必瓦碎于三险之下。据文献记载，汉代名将马援于公元42年开挖，后因战事而废，后来由唐代安南节度使高骈组织凿通，相隔了818年。

潭蓬运河的开凿在当时是一个备受关注的巨大工程，《旧唐书》《新唐书》《岭外代答》等10余本著名古籍对它均有记载，其开凿经历了张舟、高骈等唐代驻守安南的数任守臣，是唐代元和三年（808年）和咸通九年（868年）期间开凿的一条运河，被称为中国海上第一运河，也是唯一一条海上运河，与桂林的灵渠并称"广西两大古运河"。在运河东段石壁至今保存有11处记录运河开凿的珍贵文字石刻和图案。1981年8月，运河被广西壮族自治区人民政府列为重点文物保护单位（见图5）[①]。作为历史

[①] 秦红增，杨琴.广西北部湾海上丝路古水运体系考述[J].文化遗产，2015（3）：5，151-156.

遗存，潭蓬运河是源远流长的防城港市的重要历史见证。潭蓬运河与"皇帝沟"运河、西坑运河共同组成唐代北部湾运河体系，承载着当时社会生活的诸多内容，对研究唐代以后北部湾海上丝绸之路、边疆开发等具有极大的影响和不可估量的历史文化价值。

图5　自治区文物保护单位：潭蓬运河（来源：尹继承摄）

（四）茂北古运河

茂北古运河位于玉林北流镇西南甘村一带，与玉林玉州区茂林镇相邻。自古以来，南流江玉林茂林段和圭江北流段，能通航大型木船，如今这条运河遗址依然存在，被称为茂北古运河。

据《国榷》记载，明洪武十七年（1384年），朱元璋派军队从南流江茂林镇到北流江（圭江）北流镇开挖一条运河，全长13千米，但这一工程只开挖了6千米左右就停工了。具体情况是，洪武十七年，明朝初定，局势尚不稳定。朱元璋将目光投向了广西地区，当时的岭南一带，局部地区仍存在军事斗争，且地形复杂，交通不便，给军事行动和物资运输带来了极大挑战。南流江和北流江作为广西境内的重要水系，若能通过运河相连，将形成一条便捷的水上运输通道，大幅提升军队调动和物资补给的效率。于是，一道开凿运河的命令从京城发出，大批军队奔赴南流江茂林镇与北流江（圭江）北流镇之间，开启了这项艰巨的工程。在开挖到6千米左右时，却突然停工。关于工程停工的原因，虽无确切史料记载，但后人猜测，资金短缺或许是关键因素。开挖一条长达13千米的运河，需要大量的人力、物力和财力支持。在当时的生产力水平下，筹集如此庞大的资金并非易事。随着工程的推进，资金逐渐耗尽，而后续的资金来源又无法保障，导致工程不得不停工。

茂北古运河虽未完工，但它在历史进程中依然占据着独特而重要的地位。它是明朝初期国家战略布局的重要体现，反映了当时朝廷对广西地区的重视以及加强军事控制和经济开发的决心。尽管工程最终未能实现预期目标，但其所蕴含的创新精神和勇于探索的实践，成为后世的宝贵财富。

第三节 平陆运河

平陆运河的规划建设源远流长，历经了漫长的探索与筹备阶段。早在20世纪，有关各界就意识到打通广西内河与海洋通道的重要性，相关勘察调研工作也陆续展开。新时代的平陆运河，是规划连接西江航运大动脉与钦州港的人工运河，打通西江与钦州水系，从钦江入海，可实现北部湾沿海地区与广西腹地水路的完全贯通。①

一、平陆运河建设萌芽时期

平陆运河承载着广西各族人民的百年梦想，在民国时期就有探索。民国四年（1915年），广东省河道管理处曾组织测量工作，谭学衡从珠江防洪的角度提出挖一条新河将水排入大海的想法。但由于当时水利技术水平低，施工难度大，因而没有如愿。《筹潦汇述》刊载的《谭督办之治河意见书（一）》载："……前赴南宁、浔州一带测探地势，是否可开新河以通海……即知西江此带流域，为丛山所阻，不与南部海线相接。其地势又极崎岖，约高于右江。最高水度时九十米达，开凿实非所宜。"②

1915年，督办广东事宜处再次对平陆运河建设进行勘察工作。后来由于中国陷入军阀混战之中，平陆运河计划就此中断。

---

① 梁志强，唐中克，韦韩韫，等.浅谈广西古今运河历史文化廊道建设：以平陆运河之"人文运河"建设为中心[J].广西地方志，2023（增刊）：5-10.

② 侯政，高劲松.从溯源的角度试析西部陆海新通道（平陆）运河的作用及其建设思路[J].大学教育，2022（4）：264-266.

二、中华人民共和国成立后平陆运河建设的可行性论证

1949年中华人民共和国成立后,广西和广东有关部门曾组织多次勘察,1951年联合勘察后,形成《平陆运河工程勘察方案报告》。1958—1959年,广东航运、水利等部门联合对运河全线进行地形测量,形成《平陆运河规划报告》初稿。1960—1962年,广西和广东进行第二次联合调查并提交了《开凿运河工程初步设计》和《平陆运河规划报告》两份报告。

1961年,国务院参事陈修和提出:"郁江上游承位抬高后,有利于平陆运河兴建,要促进南方第二大港早日实现。"1975年和1979年,广西单独进行两次勘察后进一步完善《平陆运河规划报告》。1992年,广西交通厅编写了《平陆运河工程建设前期工作立项报告》。1993年,国务院批复的《珠江流域综合利用规划纲要》将平陆运河列为远景项目。1994年,广西交通规划勘察设计院编写了《平陆运河情况介绍》。2005年,广西水利厅针对平陆运河建设沿线防洪影响进行了研究。2009年广西重新启动平陆运河战略研究工作,平陆运河被列为《广西西江黄金水道建设规划》中的一项重大战略。[1] 2010年广西平陆运河路线方案及水资源影响技术研究项目可行性研究报告通过评审。

三、党的十八大以来平陆运河的规划破题及落地实施

2013年国务院批复的《珠江流域综合规划(2012—2030年)》,明确平陆运河"规划航道等级为一级,通航3000吨级船舶"。

2017年,水利部水规总院审查通过的《郁江流域综合规划》将平陆运河作为从北部湾直接出海的远景项目,国家发展改革委印发的《西部大开发"十三五"规划》将平陆运河纳入重大工程项目储备,《西部大开发

---

[1] 谢升申.平陆运河对珠江三角洲压咸流量的影响分析[J].广西水利水电,2020(3):21-24.

《"十三五"规划广西实施方案》明确要求研究推进平陆运河建设。①

2019年，国家发展改革委印发的《西部陆海新通道总体规划》提出"推进沟通广西西江至北部湾港的平陆运河研究论证"。2020年，交通运输部印发的《内河航运发展纲要》提出"统筹推进长江、珠江、淮河等主要水系间的京杭运河黄河以北段复航工程以及平陆运河等运河沟通工程"。

2021年，中共中央、国务院印发的《国家综合立体交通网规划纲要》将平陆运河纳入"四纵四横两网"国家高等级航道布局。《中华人民共和国国民经济和社会发展第十四个五年规划和2035年远景目标纲要》提出，"研究平陆运河等跨水系运河连通工程"。国务院印发的《"十四五"现代综合交通运输体系发展规划》、国家发展改革委印发的《"十四五"推进西部陆海新通道高质量建设实施方案》均提出"研究建设平陆运河"。

2021年，交通运输部等部门印发的《西部陆海新通道"十四五"综合交通运输体系建设方案》明确："完成西部陆海新通道（平陆）运河工程立项批复，加快推进工程可行性研究及报批工作，力争2022年开工建设。"这为平陆运河项目的真正落地奠定了重要基础。

2022年6月，自然资源部通过平陆运河项目建设用地预审。同年7月，水利部珠江水利委员会批复平陆运河规划水资源论证、水工程建设规划同意书、取水许可申请②，交通运输部海事局批复钦州湾航区划定。同年8月，自然资源部批复平陆运河先行用地。

2022年8月28日，平陆运河工程在广西钦州市灵山县项目现场召开施工动员会，标志着中华人民共和国成立以来我国开辟的首条江海联运战略大通道正式开工建设。平陆运河开工标志见图6和图7。

---

① 侯政，高劲松.从溯源的角度试析西部陆海新通道（平陆）运河的作用及其建设思路[J].大学教育，2022（4）：264-266.

② 龙巍，张植凡.一条运河承载百年愿景[N].中国水运报，2022-03-25（1）.

图6 平陆运河标志图(来源:尹继承摄)

图7 平陆运河石碑图(来源:尹继承摄)

四、平陆运河的命名

平陆运河的起点位于南宁市横州市西津库区的平塘江口，一路奔腾，途经钦州市灵山县陆屋镇，最后顺着钦江，投入北部湾的怀抱。平陆运河名字的由来，大有讲究。其中的"平"取自南宁市横州市的平塘江，而"陆"则源于钦州市的陆屋镇。两者巧妙组合，构成了这条运河独一无二的名字。

第四节　湘桂赣粤运河

近年来，湘桂运河日益受到重视，2011年湖南省政府批复《湖南省内河水运发展规划（2011—2030年）》，把湘桂运河纳入2011—2030年湖南省水运建设项目之一。2017年交通运输部印发的《珠江水运发展规划纲要（2017年）》明确"开展连接长江水系与珠江水系的湘桂运河和赣粤运河工程的研究工作"。[①]

一、湘桂运河

（一）湘桂运河的基本情况和可行性论证

湘桂运河北起永州湘江萍岛，向南经永州市双牌、道县、江永，广西恭城，至广西桂林平乐入桂江，全长约300千米，其中湖南境内长212千

---

① 徐俊锋，马殿光，于广年，等.赣粤、湘桂运河工程战略定位及必要性分析[J].中国水运，2020（15）：57-59.

米，广西境内长88千米。①

20世纪50年代初，交通运输部和湖南、广西两省（区）的交通、水利等部门多次对湘桂运河进行勘察。1958年3月，周恩来总理在中央成都会议上所作的《关于长江流域规划和三峡工程的报告》中提到了湘桂运河的远景规划。② 1982年交通运输部组织湖南和广西交通及有关部门对湘桂运河进行勘查、研究规划工作，提出湘桂运河东线方案。1983年，湖南和广西交通部门根据《长江水系的航运规划》要求，编制《湘桂运河航道规划报告》。1986年，湖南省国土局和湖南省水利厅、交通运输厅联合编制《湘江干流规划》，将湘桂运河初步纳入规划。1992年，长江、珠江两个水系航运规划办公室、水利部水规院、湖南和广西两省（区）航运规划技术人员重点查勘了运河东线方案。

2007年，湖南省政府批准和发布《湘江干流航道发展规划》，明确提出"结合水利水电梯级开发，把湘桂运河建成通航1000吨级船舶的Ⅲ级航道"③。湘桂运河规划有两个方案：西运河和东运河。西运河规划全长369千米，起于永州平岛，沿途贯穿全州，止于灵渠下游4千米的何家堂。按照这一规划，需要挖掘32千米的人工运河。水路沿途穿越分水岭，途经太师庙、铁路村等地，最终与灵渠合流。东运河计划从坪岛开始，经过潇水和道县，进入永明河，在江永县紫岭岗开挖人工运河，穿越分水岭，在桃川县螺丝岭进入恭城河，最后在平乐与桂江汇合，形成一条332.2千米长的路线。其中，有42.3千米的人工运河需要开挖。④ 湘桂运河将使桂林以北的1000吨级航道与长江相连，大大提高运输效率。水利方面，沿

---

① 永州市交通运输局.加快推进项目各项工作：交通运输部调研湘桂运河建设发展工作[EB/OL].（2024-11-28）[2025-02-20].http：//jtt.hunan.gov.cn/jtt/xxgk/gzdt/jtyw1/202411/t20241129_33513462.html.

② 张小刚，朱勇.再造"灵渠"长江珠江大连通："千里湘江话航运"之三[N].中国水运报，2006-12-18（2）.

③ 徐俊锋，马殿光，于广年，等.赣粤、湘桂运河工程战略定位及必要性分析[J].中国水运，2020（15）：57–59.

④ 李薇.人工运河，让沿河经济"心动不已"[N].中国水运报，2008-02-01（5）.

线枢纽梯级装机容量可达850兆瓦，年发电收入约20亿元。此外，湘桂运河还具有显著的灌溉效益，可滋养数百万亩农田，有助于农业发展，并可惠及岳阳、长沙、株洲、湘潭、衡阳、永州、桂林、贺州、梧州等55个市县。[①]

2023年3月，毛万春等全体住湘全国政协委员联名向全国政协十四届一次会议提交提案："建议国务院及相关部委，加强统筹协调，加快推动湘桂运河建设。利用'十四五'规划中期调整契机，将湘桂运河纳入国家发展改革委、交通运输部等部门负责调整的国家'十四五'期间相关规划。参照三峡开发模式，成立湘桂运河建设领导小组或协调机制，加快启动湘桂运河工程可行性研究。参照长江、西江干线建设模式，由国家投资，在'十四五'期间尽早开工建设。"

（二）湖南、广西两省高层联合推动

2012年以来，湖南省党政代表团多次到广西考察调研，探索两省区抢抓国家"一带一路"等重大机遇，实现强强联合、优势互补的途径和策略。[②]

2020年，广西壮族自治区时任党委书记鹿心社率广西党政代表团到湖南省学习考察，并与湖南签署两省区战略合作框架协议，强调要进一步深化湘桂合作。《中国共产党广西壮族自治区委员会关于制定国民经济和社会发展第十四个五年规划和二〇三五年远景目标的建议》也提出"推动平陆运河、湘桂运河等重大项目开工建设""着力打造南北纵向发展主轴"等。

（三）湘桂运河的未来展望

湘桂运河腹地广阔。湘境包括岳阳、长沙、株洲、湘潭、衡阳五市以

---

① 为加快西江经济带水运通道建设建言献策[N].广西政协报，2014-04-24（3）.
② 陈立生.构建湘桂向海经济走廊拓展发展新空间[J].当代广西，2021（8）：12-13.

及永州、郴州等40个县市，广西境内包括桂林、梧州两个地区的10个县（市），其土地面积达13.49万平方千米。其中湖南11.16万平方千米、广西2.33万平方千米。截至2023年年底，流域内总人口约4438.51万人，其中湖南约3660.34万人、广西约778.17万人。湘江流域经济比较发达，汽车、机械、电子、钢、铁、电力、建材和化工等工业在全省具有重要的地位。长株潭是国家的"两型社会"试点区。洞庭湖区是我国重要的商品粮基地之一。桂江腹地矿产资源丰富，主要有锰矿、铅锌矿、铁矿、白云石、重晶石、石灰石等，有森林面积28.4万平方千米。桂林又是举世闻名的旅游胜地，也是国家批准的高新技术产业开发区之一。

回溯至2008年，湘桂运河腹地展现出了强劲的经济活力与物流运输实力。在工农业总产值方面，整个腹地合计约达到8000亿元的规模。细分来看，湘江流域贡献卓著，达6500亿元，桂江流域也达到1500亿元，二者携手撑起了腹地经济的一片天。再聚焦货运领域，该年度湘桂运河腹地共完成货运量10325万吨，成绩斐然。其中，湘江流域无疑是货运主力军，承担了10205万吨的货运任务，桂江流域货运量相对较少，为120万吨。[①]

湘桂运河南北贯通长江和珠江水系，为湖南和广西提供了便捷高效的内陆水道。它将为中原和西南地区开辟第二条海上航线，大大减少物流运输里程，降低物流成本。以湖南衡阳为例，大宗货物经长江从上海港至菲律宾首都马尼拉有2100多千米。湘桂运河建设后，相比现在经过长江口再出海，将有效缩短长江中上游地区货物至北部湾水运里程约1200千米，有利于更好地发挥水运的资源优势、生态优势和经济优势，推动中长距离大宗货物运输"陆运转水运"，真正实现"宜水则水、宜陆则陆"，提高交通运输结构中水运量占比，是落实国家"双碳"战略目标、推动运输结构调整、降低社会物流成本的绿色经济通道。

湘桂运河通过湘江、桂江，贯穿湖南、广西，将为中国水运业注入新

---

① 杨锡安，贺柏武.湘桂运河建设正逢时[J].湖南交通科技，2010，36（1）：124-125.

的活力。湘桂运河的建设被视为解决中国交通发展与资源需求平衡问题的关键措施。事实上，长江经济带占中国国土面积的21%，人口和经济总量超过全国的40%。西江是珠江水系的干流，航运量表现良好，仅次于长江水道，位居全国第二。这条横跨长江和珠江的大水道——湘桂运河将有助于加快流域内生产要素的流动，增强下游地区的经济辐射效应，并带动上游地区充分利用资源优势，实现经济优势的提升。

湘桂运河的规划建设是积极响应国家"一带一路"倡议的生动实践。这条路线将拉近中国与东盟、中东、欧洲、澳大利亚等国家和地区的距离，使国际贸易更加畅通。湘桂运河的建成，将使中国长江经济带与东盟、欧洲等国的外贸货运更加便利。

二、赣粤运河

（一）赣粤运河的基本情况和可行性论证

赣粤运河，又称粤赣运河。赣粤运河规划北起江西鄱阳湖湖口县，溯赣江而上，经贡江进入桃江，从信丰西河至赣粤分水岭，再由广东省浈水沿北江至广州出海，从江西湖口县至广东韶关北江三水河口全长约1200千米。设计船舶通过能力为1000吨级，建成后将实现中国水系南北大贯通。

赣粤运河这一设想，其实在历史的长河中已流淌许久。回溯过往，明代大学士解缙第一个倡议开凿赣粤运河，在他那篇著名的《请凿赣江通南北》奏疏之中，他极具前瞻性地提出挖掘渠道，引赣江、北江水灌溉农田，期望借此润泽大地，促进农业发展。然而，受限于彼时复杂的社会局势、技术条件等诸多因素，这一宏伟构想只能被搁置。时间的车轮滚滚向前，到20世纪30年代，国民政府也曾将目光投向赣粤运河项目，但终因资金短缺、战乱等难以逾越的障碍，让赣粤运河的建设再度化为泡影。

1958年，党中央成都会议提出了建设三峡水利枢纽和赣粤运河、湘桂运河伟大构想。①1960年交通运输部联合长江流域规划办公室、江西省交通运输厅、广东省航运厅，开展了专题调查、分析和路线研究，并于1961年完成赣粤运河的初期规划报告。②1984年中央和地方组织实地勘测，认为只要在长江水系和珠江水系距离最近的地方挖9千米，就可以把长江和珠江连通，可通行1000吨级船队，年通航能力超过1500万吨。③时至今日，江西省赣州市航务部门仍然保留着当年研绘的运河规划图。

2021年3月6日，依据《交通强国建设纲要》和《国家综合立体网规划纲要》，遵照中央领导的批示以及交通运输部的相关要求，交通运输部携手江西、广东两省政府，共同发布了《赣粤运河重点问题专项研究推进工作方案》。④

（二）赣粤运河的未来展望

赣粤运河连接长江与珠江水系，北起长江鄱阳湖湖口，沿赣江向南，跨分水岭与北江相连，至西江三水河口，全长约1148千米，其中鄱阳湖湖口至赣州段全长约590千米，赣州至韶关段全长约300千米，韶关至三水河口段全长约258千米。赣粤运河可连通中国最发达的三个内陆水道系统，进一步加强华南、华中和西部的经济联系。赣粤运河的建设，不仅会拓展珠三角经济腹地，也可为沿线各产业提供良好的发展机遇。据预测，运河沿线的航运业、物流业、加工业、水产养殖业、造船业、旅游业等行

---

① 高成岩，赵凯，龙翔宇.赣粤运河水资源条件分析[J].水运工程，2022（S1）：135-138.

② 徐俊锋，马殿光，于广年，等.赣粤、湘桂运河工程战略定位及必要性分析[J].中国水运，2020（15）：57-59.

③ 张建民.知识经济与珠江未来[C]//中国造船工程学会.第九届全国内河船舶及航运技术学术交流会论文集.2004：20-24.

④ 陈振春，谢凌峰.基于运量预测的赣粤运河开发综合效益[J].水利经济，2024，42（1）：50-56.

业都能实现快速发展。①

规划建设赣粤运河是国家发展战略大局，能有效促进中西部地区特别是革命老区融入珠三角经济区、粤港澳大湾区，促进中西部地区优化产业布局，带动运河沿线经济发展，降低物流运输成本，社会效益和经济效益巨大。赣粤运河一旦成功建造，将可降低长江干线的通航密度，缓解大小船舶争夺航道的问题，从而提高船舶航行的安全性。赣粤运河将成为赣粤快速崛起的黄金水岸，为赣粤开辟通往世界贸易前沿的"水上丝绸之路"。

第五节　平陆运河与湘桂赣粤运河的未来憧憬

2020年7月，交通运输部印发的《内河航运发展纲要》首次提出建设新大运河，即北起北京，南抵广州、钦州，通过京杭运河、湘桂运河、赣粤运河、平陆运河等重大工程，打通南北水运大通道。②

为提高水运效率，我国对高等级水道进行了全面扩建和改善，形成"四纵四横两网"的总体布局。"四纵"是指四条跨流域水运通道，即京杭运河、江淮干线、浙赣粤、汉湘桂。"四横"包括长江、西江、淮河、黑龙江四条天然江河及其支流所形成的水运通道。"两网"包括长三角高等级航道网、珠三角高等级航道网。它们将主要流域紧密相连，实现了水运资源的共享。此外，它还重点建设了长江三角洲和珠江三角洲两大高等级航道网。③ 如湘桂运河为国家"四纵四横两网"中汉—湘—桂通道的重

---

① 程金来.基于Google earth软件的粤赣运河分水岭开挖新路线方案[J].珠江水运，2010（10）：32-34.

② 钱俊君，卢毅.湘粤运河的战略价值和比较优势[J].长江技术经济，2021，5（3）：27-30.

③ 罗佐县，杨国丰."双碳"目标下我国氢能产业发展路线研判[J].当代石油石化，2022，30（1）：1-8, 37.

要组成航段，起于永州萍岛，经江永进入桂林平乐，全长约300千米，连通湖南、广西两省区和长江、珠江两大水系。项目建设主要解决湘江萍岛至广西西江之间的水运通道问题，有利于沟通长江—珠江两大水系、更好发挥湖南"一带一部"区位优势、调整优化运输结构。到2035年，国家高等级航道将达2.5万千米左右。

2022年1月，中国交通运输部印发的《水运"十四五"发展规划》明确提出："稳步推动运河连通工程，加快推进西部陆海新通道骨干工程平陆运河建设，开展湘桂、赣粤运河前期重点问题研究论证。"未来湘桂运河与赣粤运河若能建成，一条将连通汉湘桂大通道，一条将连通浙赣粤大通道，将长江和珠江两大水系连成一体，覆盖广西、浙江、湖南、广东、江西等省（区），为长三角和珠三角扩大经济腹地。

第三章　平陆运河总体规划和建设概况

如上所述，平陆运河是西部陆海新通道的骨干工程，北起南宁市所辖属横州市西津库区平塘江口，穿越钦州市灵山县，跨沙坪河与钦江支流旧州分水岭，经钦州市灵山县陆屋镇沿钦江南下，进入北部湾从钦州港出海，全长134.2千米。

第一节　总体规划

一、规划基本情况

根据运河项目规划设计，展望2035年，平陆运河将呈现出一番令人瞩目的崭新面貌。沿线布局3个双轨通航梯级枢纽，它们如同稳固的"关节"，保障船舶畅行无阻；一条长达134.2千米的高等级水运航道蜿蜒伸展，宛如一条灵动的"丝带"，串联起区域水运脉络。

不仅如此，针对那些曾妨碍通航的跨江、截江、临江建筑物，将依照高标准完成改造与整治，彻底扫除航运阻碍。一系列工程推进之下，平陆运河将成功进阶，达到能容纳5000吨级船舶的一级航道严苛标准，航道更宽、更深、更畅，为大型船舶往来提供坚实保障。

在通航能力方面，更是成绩斐然。通航建筑物单向通过能力如同高效的"水运通道",每年可输送货物8500万吨,确保物资快速流转;江海联运港区则仿若一座繁忙的"水上货仓",年吞吐能力将飙升至1.15亿吨左右,高效集散各类物资,为区域经济协同发展注入全新动力,助力平陆运河成为水运领域的璀璨明珠。[①]

平陆运河项目概算总投资727.13亿元,其中静态投资704.6亿元,建设工期为52个月。平陆运河项目建设内容主要包括航道工程、航运枢纽工程、沿线跨河设施工程以及配套工程。该航道为一级内河航道,可容纳5000吨级船舶。[②]

平陆运河建设工程的主要任务是航运,建成后将把广西西江内河航运网和北部湾港连接起来,实现江海联动发展。建成后将缩短西江中上游地区经广东再出海的航程约560千米,在满足航运的主业之余兼顾防洪、供水、灌溉、发电、生态环境修复等功能,实现综合开发利用。由于陆地到海面的落差有65米,在位于分水岭的地方需要新开挖一段约6.5千米的河道,因此平陆运河全程落差60米。为克服水位落差,从西津水库平塘江口至北部湾出海口建设马道、企石、青年3个梯级航运枢纽(见图8)。

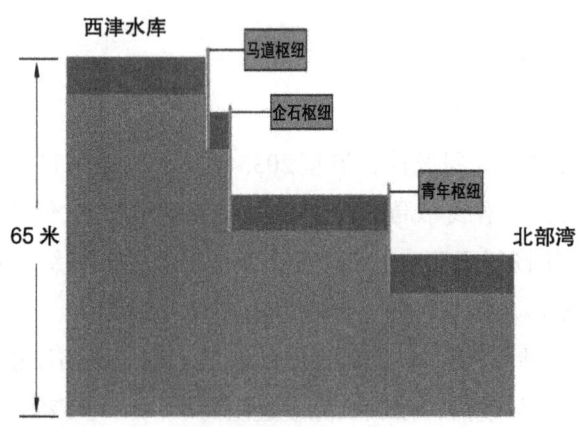

图8 水位落差示意图(来源:尹继承绘)

---

① 肖鑫.2035年前建成4座双线通航梯级枢纽[N].钦州日报,2021-11-11(1).

② 周献恩,覃升,李雪芝,等.蛟龙入海 八桂梦圆:写在平陆运河开建之际[N].中国交通报,2022-08-25(3).

平陆运河建成通航，将融合运用5G、北斗、大数据、人工智能等新一代信息技术，建立"陆水空天"一体化航道全要素运行监测网络，实现航道要素和运行态势即时精细感知，保障航道网动态运行管理服务、船舶与航道高效协同，为船舶科学配载、智能导航、安全航行提供有力支撑，提高船舶通行效能。[①]

二、区位优势

（一）地理区位

平陆运河途经南宁市的青秀区、横州市，钦州市的灵山县、钦北区、钦南区5个县（市、区）。南宁市地处中国南部，地理位置为东经107°45′—109°38′，北纬22°13′—24°02′。背靠祖国大西南，面向北部湾，是广西壮族自治区首府，是广西政治、经济、文化、教育、科技、金融中心，也是中国与东盟开放合作的窗口和前沿。南宁市现辖1市7区4县，即横州市、兴宁区、青秀区、江南区、邕宁区、良庆区、西乡塘区、武鸣区、马山县、宾阳县、隆安县、上林县。南宁位于广西中部偏南，处于"一带一路"的重要节点，是华南经济圈、西南经济圈、中国-东盟经济圈的交汇点，[②]具有近海、近边、沿江、沿线"两近两沿"的特点，距中越边境约200千米，是距离东盟国家最近的自治区首府。平陆运河建成后，南宁港产城乡融合发展的区位优势将更加凸显。

横州市是平陆运河的起点城市。位于广西东南部，南宁市东部，地处北纬22°08′—23°30′，东经108°48′—109°37′，东至贵港市覃塘区、港南区，南至钦州市灵山县、浦北县，西至邕宁区、青秀区，北壤宾阳

---

① 周仕兴，王瑾雯，田时胜，等.看，平陆运河建设中满满的科技感[N].光明日报，2023-11-16（10）.

② 蒙源谋，庞春妮，彭丽芳.砥砺奋进 协同创新[N].中国商报，2022-06-07（2）.

县，总面积3464平方千米，市政府所在地距首府南宁市100千米。[①]

钦州市地处中国西南沿海，广西南部，地理位置为北纬21°35′—22°41′，东经107°27′—109°56′，东临玉林市，西连防城港，东北接贵港市，背靠南宁市，东南与北海市毗邻，隔海与海南省相望。钦州市现管辖两区两县，即钦南区、钦北区、灵山县、浦北县。钦州市地处华南经济圈、西南经济圈与东南经济圈的结合部，是广西北部湾经济区的交通枢纽，是中国-东盟自由贸易区的前沿城市，是西南地区进入东盟国家陆上距离最近的出海口。

平陆运河是连接西江流域和北部湾海港的运河工程，其上游与西江航运干线相连，西至南宁、百色、云南，东至粤港澳大湾区，北至柳州、来宾、贵州，从北部湾向南出海，是广西乃至广大中西部地区便捷的出海新通道。

（二）交通区位

平陆运河地理位置处于南宁市下游151千米，从横州市西津水库平塘江口出发，沿沙坪河向南跨越分水岭，经灵山县陆屋镇入钦江继续南下至钦州沙井港出海。平陆运河将连通西江"黄金水道"主航道与北部湾国际枢纽港，将在最短距离的地方打通西江干流入海。采用一级内河航道标准建设，兼顾5000吨级江海联运船舶和3000吨级海船通航。[②]

平陆运河工程通航后，将成为西部陆海新通道的骨干工程，也将成为连接广西珠江流域和北部湾港口1亿吨级水运主要干线；到2030年右江云南段百色水利枢纽船闸（右江剥隘—百色和百色—南宁段将被列为三级航道）建成，云南富宁港可发展成为连接云南省与两广地区的水陆联运枢纽。这样，云南的货物可从北部湾港口通过平陆运河再通过右江运输，比广州港通过西江干线运输短563千米。红水河处于广西和贵州之间，贵州

[①] 横州市地方志编纂委员会办公室.横州市概况[EB/OL].（2023-06-21）[2025-2-20].http：//www.gxhx.gov.cn/gk/hxgk/t5621020.html.

[②] 龙巍，张植凡.一条运河承载百年愿景[N].中国水运报，2022-03-25（1）.

段水运航道将按照四级内河标准建成。一待龙滩翻坝运输系统和过船设施建成，将形成南盘江、北盘江、红水江至广西的水运主通道。贵州省南盘江、北盘江水系港口周边也可形成通往广西北部湾港口出口的水陆联运通道。[①]

平陆运河建成后，将充分释放广西北部湾港潜力，激活西江干线，改变西部陆海新通道的格局，3000—5000吨重的船舶可通过平陆运河的航道从南宁运往北部湾港，1000吨重的船只可通过水运从云南、贵州运往北部湾港。内河港口可以与铁路和公路节点有机融合，创造出无数综合性的内河运输和物流模式，使西部陆海新通道中转点更加高效、便捷、经济和充满活力。

（三）经济区位

平陆运河地处北部湾经济区南宁市和钦州市，2023年南宁市GDP为5469.06亿元，是广西首个经济总量突破5000亿元的城市，比上年增长4.0%，稳居全区第一。钦州市2023年GDP为1961.29亿元，比上年增长6.0%。2023年钦州市新引进首次投资广西的"四类500强"企业数量全区第一，外资利用总量全区第二。[②]

平陆运河是2022年广西的头号工程，通过钦江干流将钦州港与大海相连，运河穿钦州市城区而过，是一条通江达海的水运大通道。钦州市委、市政府一直把平陆运河开工建设作为头等大事、头等项目、头号工程，高起点谋划平陆运河产业和运河沿线经济带。目前，钦州港片区已形成较为明显的产业集聚态势。

1.石化产业方面

围绕绿色石化这一支柱产业，加快推进中石油、华谊、恒逸、通昆等

---

① 廖建峰.发挥海事专业优势 服务西部陆海新通道平陆运河建设[J].中国海事，2022（9）：19-21.

② 王建伟.全区超2.72万亿元！2023广西14市GDP"成绩单"出炉[EB/OL].（2024-02-27）[2025-02-20].http://news.gxnews.com.cn/staticpages/20240227/newgx65ddb187-21445807.shtml.

石化重点项目，形成全国独有的油、煤、气、盐一体化的多元化石化产业体系，成为产业链条完善的石化园区。目前，已落户重大石化产业项目总投资超2500亿元，投产后预计实现产值超3000亿元。"油头"产业链已建成投产的项目有中国石油钦州炼化一体化项目、东油年产100万吨沥青项目、玉柴20万吨/年溶剂油项目、天恒20万吨/年碳四综合利用项目、天亿液化气综合利用项目、泰兴15万吨/年溶剂油基础油项目。"煤头"产业链已建成投产的项目有华谊工业气体岛项目、新天德年产10万吨食用酒精和无水乙醇项目、年产22万吨液体二氧化碳项目。"气头"产业链已建成投产的有鸿谊30万吨/年聚丙烯项目。"盐头"产业链项目有华谊氯碱项目、华谊三期双氧水法环氧丙烷（HPPO）及聚醚多元醇一体化项目、PVC环保型新材料生产基地项目。

2.装备制造业方面

广西钦州海上风电装备产业园的开园投产，标志着我国海上风电产业的发展迈出了坚实的一步。园区汇集了远景钦州智慧能源产业基地、锦峰海洋重工年产30万吨海洋重装项目、中船广西海上风电产业基地等重大项目，形成了完整的海上风电产业链。中船钦州大型海工修造及保障基地的成功建设，使得广西北部湾地区结束了无大型船舶修造及保障设施的历史。同时，大型海工装备、海上风电产业基地项目的落户建设，[①]进一步丰富了广西北部湾地区的产业结构。以中船、远景、锦峰为龙头，钦州海上风电装备产业园成功实现开园投产，为我国海上风电产业的发展提供了强大支持。园区具备打造千亿元海上风电产业基地的基础。中船广西已形成年产240套陆上风电塔筒的生产能力，和风新能源具备年产150套风电塔筒的生产能力，金风科技年产250台风机主机项目已投产，湖南长沙锦峰年产27万吨导管架、塔筒项目已投产，远景能源一期年产500台套智能风机项目、二期年产500套智能风机叶片项目已投产。

---

① 翟丽.钦州港片区：冉冉升起的国际陆海门户港[J].中国外资，2021（13）：72-74.

3.新能源、电子信息等产业方面

中伟一期、美国雅保天源一期、鼎隆新能源已投产，禹鼎硫酸锰、美国雅保天源二期、中伟二三期、格派新能源电池材料等项目加快推进，已形成新能源汽车产业的核心要素。电子信息方面，引进总投资102亿元的港创智睿智能终端产业园，并吸引了海博智能终端项目、被动元器件项目、富茂科技手机生产项目等一批有竞争力的智能终端产业项目签约入驻，加速了智能终端产业化集聚。

三、航道枢纽

按照规划，平陆运河航道为一级内河航道，规划和设计了三个枢纽，可容纳5000吨级船舶。

（一）马道枢纽

马道枢纽是平陆运河规划的最上游梯级，位于分水岭南侧，旧州镇上游7千米处。枢纽在三座梯级中工程量最大、要求最复杂，需要消纳土方量5000多万立方米，其中分水岭的越岭段需人工开挖约6.5千米（见图9）。

图9 马道枢纽施工现场（来源：尹继承摄）

马道枢纽采用集中布置的方式，枢纽由双线船闸、泄水闸和连接坝组成，船闸有效尺度均为300米×34米×8米。双线船闸布置在右岸，泄水闸布置在左岸。枢纽坝轴线长452米，左岸连接坝段长34米，泄水闸坝长35米（3孔×8米），双线船闸及两侧省水池长344米，右岸连接坝长39米。

马道枢纽是平陆运河规划三个梯级中最上游的一座梯级，水位落差最大、水资源最为紧缺、船闸尺度最大。马道枢纽省水船闸一次输水时间可缩短至15分钟，可降低船闸运行的用水量60%以上，阀门启闭速度世界最快，60分钟可通行6艘5000吨级船舶，不仅极大提升了通航效率，而且实现了水资源的集约化利用。①

（二）企石枢纽

企石枢纽是平陆运河规划的第二级梯级，位于陆屋镇上游5.5千米处，距上游马道枢纽约15千米。企石枢纽采用集中布置的总体布置方式，枢纽由双线船闸、泄水闸和连接坝组成，船闸有效尺度均为300米×34米×8米。双线船闸布置在右岸，泄水闸布置在左岸。枢纽坝轴线长760.7米，左岸连接坝长210米，泄水闸坝长56米（5孔×8米），双线船闸及两侧省水池长316.7米，右岸连接坝长178米。

（三）青年枢纽

青年枢纽是平陆运河规划的最下游梯级。青年枢纽采用分散布置的总体布置方式，枢纽由双线船闸、泄水闸、鱼道和连接坝组成，船闸有效尺度均为300米×34米×8米。双线船闸布置在1959年建设的钦州市青年水闸上游约1.8千米新开河道处，曾经的青年水闸，大坝长152米，高4米，闸门27孔。

---

① 周仕兴，王瑾雯，田时胜，等.看.平陆运河建设中满满的科技感[N].光明日报，2023-11-16（10）.

青年枢纽双线船闸及连接坝轴线长244米，左岸连接坝段长56米，双线船闸段长132米，右岸连接坝段长56米。泄水闸、鱼道和连接坝布置在钦江主河槽内，位于现青年水闸上游约1.4千米处，泄水闸及连接坝轴线长265.4米，左岸连接坝长64米，泄水闸坝长122米（7孔×13米+1孔×2米），右岸门库坝长20米，右岸连接坝长59.4米。

青年枢纽是平陆运河通江达海的关键节点，闸下直接与茅尾海相连通，在运行过程中会发生海水与淡水的交换。如果船闸下游的咸水传至上游青年库区内，将会影响生产、生活取水及工程的耐久性。为防止盐水侵入青年船闸，平陆运河集团进行了专门研究，优化青年枢纽下泄流程，降低船闸下游引航道盐度；构建了一套船闸盐水在线监测与智能预警决策系统，根据船闸下游和上游盐度的变化，采用智能决策激活相应的防盐措施。[①] 此外，平陆运河集团项目部通过大量研究，综合考虑材料抗氯盐侵蚀性、大体积混凝土施工可行性以及工程建设成本的经济性等，优化青年枢纽混凝土配合比，研发了高耐久性混凝土材料。[②]

四、开放效益

生态效益持久。引领交通运输业结构性减排，促进沿线山水田湖草湿地一体化发展，推动形成生态保护区和自然保护区，改善区域生态环境。

社会效益全面。平陆运河的建设，可增强沿线城镇防洪能力，有效缓解区域防洪压力，[③] 为平陆运河沿线约65万亩的灌区提供用水安全保障，改善沿线农田质量，促进乡村振兴。通过水土综合利用，预计新增耕地8.4平方千米，夯实粮食安全基础，同时还可扩大有效投资，带动就业，切实保障民生。

---

① 王瑾雯，周仕兴.江海连通 共赢图强[N].光明日报，2023-08-29（10）.
② 周仕兴，王瑾雯，田时胜，等.看，平陆运河建设中满满的科技感[N].光明日报，2023-11-16（10）.
③ 周献恩，覃升，李雪芝，等.蛟龙入海 八桂梦圆[N].中国交通报，2022-08-25（3）.

五、运河沿线新建、改建及防护桥梁

根据广西交通运输厅发布的《平陆运河工程环境影响评价第二次公示》，平陆运河建设内容包括：航道工程、航运梯级工程、配套工程（助航设施、公用工程、道路工程、水利设施拆除及改造工程等）。在桥梁工程方面，运河建设涉及新增、改建、防护跨河桥梁（见表1）。为配合平陆运河航道设计标准建设，钦州市区一至五桥（南珠大街跨江桥、永福大桥、金海湾大桥、子材大桥、北环路跨江桥）全部按照河道宽度140米、高度18米的主要参数进行改造改建，以确保运河航道质量和等级能够畅通达标运行。

表1 平陆运河沿线新建、改建及防护桥梁一览表

序号	桥梁名称	桥梁类型	建设方案
1	横州市新福镇三阳桥	公路桥	改建
2	沙坪河大桥	公路桥	改建
3	旧州大桥	公路桥	改建
4	万胜塘大桥	公路桥	改建
5	陆杨新村大桥	公路桥	改建
6	钦江双线特大桥	高铁桥	桥墩防护
7	青塘镇那路村大桥	公路桥	改建
8	平吉镇永隆村大桥	公路桥	改建
9	平吉镇大田坪村大桥	公路桥	改建
10	平吉镇三冬村大桥	公路桥	改建
11	钦南区相思大桥	公路桥	改建
12	丁屋村大桥	公路桥	改建
13	G325广南线钦江大桥	公路桥	改建
14	钦北线铁路桥	普铁桥	改建
15	北环路跨江桥（钦江五桥）	市政桥	改建
16	永福大桥（钦江二桥）	市政桥	改建

续表

序号	桥梁名称	桥梁类型	建设方案
17	子材大桥（钦江四桥）	市政桥	改建
18	南珠大街跨江桥（钦江一桥）	市政桥	改建
19	金海湾大桥（钦江三桥）	市政桥	改建
20	兰海高速G75钦江大桥	公路桥	改建
21	沙井钦江大桥	市政桥	改建
22	新福镇过江通道桥	公路桥	改建
23	金塘村大桥（兼动物通道）	公路桥	新建
24	马道枢纽大桥	公路桥	与枢纽合建
25	企石枢纽大桥	公路桥	与枢纽合建
26	东坝村大桥	公路桥	新建

六、建设管理中心、服务区、锚地

有关管理中心、服务区、锚地的建设见表2。

表2 建设管理中心、服务区、锚地一览表

项目	序号	名称
管理中心	1	航道管理中心
水上服务区	2	新福综合服务区（含航道管理站）
	3	钦州综合服务站（含航道管理站）
锚地	4	沙坪河锚地
	5	马道枢纽下游锚地
	6	企石枢纽上游锚地
	7	企石枢纽下游锚地
	8	青年枢纽上游锚地
	9	青年枢纽下游锚地
	10	茅尾海1#锚地
	11	茅尾海2#锚地

第二节　平陆运河建设概况

平陆运河项目包含航道工程、航运枢纽工程、沿线跨河设施工程以及配套工程。2022年8月28日，平陆运河正式开工，标志着这一世纪工程步入实质性建设阶段。2023年5月23日，平陆运河全线动工，建设工作全面展开。[①] 从此，各方力量汇聚起来，朝着2026年年底建成通航的目标稳步前行。

一、土石方开挖作业接近尾声

截至2025年1月12日，平陆运河项目累计完成投资476亿元，占总投资的66%。该工程预计开挖土石方总量达3.39亿立方米，截至目前已开挖2.7亿立方米，占工程总量的80%。[②] 大规模土石方开挖作业即将完成，这表明航道主体轮廓已基本呈现，为后续航道的修整以及设施建设奠定了基础。

二、船闸混凝土浇筑稳步推进

在枢纽建设中，马道、企石、青年三座梯级枢纽是关键且施工难度最大的节点工程。马道枢纽作为平陆运河第一梯级枢纽，其通航建筑物设计

---

①　中国交通新闻网.平陆运河全线动工建设[EB/OL].（2023-05-24）[2025-02-20].中华人民共和国交通运输部，https://www.mot.gov.cn/jiaotongyaowen/202305/t20230524_3832998.html.

②　何明华，江宏坤.首场"代表通道"集中采访来啦！为大家解答平陆运河建设进展、立法、民生保障等话题[EB/OL].（2025-01-14）[2025-02-20]. http://www.gxzf.gov.cn/zt/sz/2025gxlh_227110/taya/dbwyhy/t19507628.shtml.

为双线船闸，是目前世界上在建规模最大的内河省水船闸，混凝土总浇筑方量为 336 万立方米。企石枢纽是第二梯级枢纽，通航建筑物同样为双线 5000 吨级省水船闸，并布置了三级省水池。青年枢纽是距离大海最近的第三梯级枢纽，处于咸淡水交界处。为做好生态保护工作，针对当地洄游鱼类专门设计了专属鱼道，目前鱼道已完成所有墙身结构。根据平陆运河集团项目部提供的数据，截至 2025 年 2 月 13 日，平陆运河三大枢纽累计完成船闸主体混凝土浇筑 360 多万立方米，占船闸主体浇筑总量的 62%。[1] 随着船闸混凝土浇筑工作的持续推进，船闸的主体结构逐渐成形，为后续船闸设备的安装创造了有利条件。

三、跨线桥梁首战告捷

截至 2025 年 1 月 21 日，平陆运河 G75 兰海高速公路钦江大桥右幅建成通车。作为平陆运河项目首座建成通车的跨线桥梁，标志着平陆运河跨线桥梁新建及改建工作进入全面加速阶段。该桥主桥桥型为 318 米的下承式双幅钢管混凝土系杆拱桥，道路等级为高速公路，设计时速 120 千米，双向 8 车道，采用"半幅保通，半幅施工"方案。在建设过程中，项目部攻克了诸多技术难题，如在复杂地质条件下确保桥梁基础稳固，在交通流量大的情况下保障施工安全等。当前，平陆运河全线桥梁建设正在有条不紊地推进，多座桥梁正在加快进行主体结构施工，预计 2025 年年底将完成 19 座桥梁的建设任务。

平陆运河项目在土石方开挖、船闸混凝土浇筑以及跨线桥梁建设等方面都取得了显著进展。随着各关键节点工程和配套工程的不断推进，平陆运河正朝着 2026 年年底建成通航的目标稳步迈进，未来它将在区域经济发展和交通格局优化中发挥重要作用。

---

[1] 震撼！平陆运河施工现场塔吊林立，最高的超 90 米[EB/OL].（2025-02-15）[2025-02-20]. http://www.gxnews.com.cn/staticpages/20250215/newgx67b07b0f-21751717.shtml.

第三节　平陆运河建设地方配套服务政策

平陆运河作为一项具有重大战略意义的世纪工程，其建设不仅关乎当地交通格局的重塑，更对区域经济发展产生深远影响。运河沿线各级政府出台与之相辅相成的地方配套服务政策，犹如稳固的基石，为运河的高效运营及周边产业的蓬勃发展提供了全方位支撑。如从优化营商环境，吸引各类企业入驻运河沿线，推动产业集聚，到完善基础设施建设，提升物流配送效率，增强区域互联互通能力；从出台针对性的人才政策，吸引专业人才投身运河建设与运营，为项目注入智力支持，到制定税收优惠政策，减轻企业负担，激发市场活力。平陆运河与地方配套服务政策紧密结合，相互促进，共同绘制了区域经济腾飞的宏伟蓝图。

一、平陆运河首个税收服务站在钦州挂牌成立

2022年6月10日，国家税务总局钦州市税务局平陆运河项目灵山服务站正式挂牌。这是平陆运河项目首个税收服务站，钦州市税务部门也成为首个进驻该项目的职能部门，这标志着税收服务平陆运河经济带税源建设跨出坚实一步。服务工作主要从三方面展开：一是主动服务地方党委和政府，积极与市发展改革委、交通局、市场监督管理局等职能部门对接，构建信息共享机制，强化跟踪服务与动态管理，为新办重点企业配备专职"服务管家"，助力企业更好地落地生根。二是开辟"快进"绿色通道，保障企业开办与跨区迁移顺畅。设立移动办税服务厅，将税费服务延伸至项目现场。提供"一企一策""一企一课""云辅导"等个性化服务，推动企业加速发展。三是着力打造"一线通答、问办协同、热点入库、定制宣讲"四位一体的组合式服务新模式，迅速解决企业的急难愁盼问题。同

时，深度挖掘税收大数据，助力企业化解涉税风险，促进产业链上下游精准对接，推动企业健康发展。①

二、注册成立平陆运河集团有限公司，开启水运新篇章

2022年，注定是广西水运发展进程中浓墨重彩的一年。6月30日，平陆运河集团正式注册成立；仅仅6天后，也就是7月6日，时任广西壮族自治区党委书记刘宁与自治区主席蓝天立共同为运河集团揭牌。

平陆运河集团有限公司，作为自治区直属大型国有全资企业，肩负着重大使命。它具体负责平陆运河项目的投资与建设，如同一位总设计师，精心规划着运河从蓝图到现实的每一步。不仅如此，它还承担着运河日常维护与运营的重任，确保这条水上通道始终畅通无阻，源源不断地为地区经济发展输送活力。同时，它更是将目光投向沿线经济带业务，致力于以运河为纽带，带动周边地区经济的全面腾飞。

根据组建方案，平陆运河集团的注册资本金高达200亿元人民币。这雄厚的资金支持，来自6家实力股东，它们分别是广西壮族自治区交通运输厅、广西北部湾投资集团有限公司、广西北部湾国际港务集团有限公司、广西交通投资集团有限公司、南宁交通投资集团有限责任公司以及钦州市开发投资集团有限公司。6家股东齐心协力，共同为平陆运河集团注入强大动力，助力其在水运领域破浪前行。

那么，平陆运河集团有着怎样的自我定位与宏伟愿景呢？

集团定位：平陆运河建设的主体，同时更是高标准运河建设运营全套方案的提供者，以求打造出代表时代水准的水运工程。此外，还是运河经济带产业发展的引领者，将凭借自身的资源与影响力，引领沿线产业走上高质量发展之路。而在西部陆海新通道江海联运中，平陆运河集团担当主平台的重要角色，为促进区域间的贸易往来与经济交流发挥关键作用。

---

① 吴春江，齐蕊.平陆运河首个税收服务站在钦州挂牌成立[N].广西日报，2022-06-15（8）.

企业愿景：打造国际一流工程，成为国内一流企业，进而建成面向东盟的国际化运河集团。这一愿景，不仅是对自身实力的自信，更是对广西水运未来发展的有力承诺。

三、广西现代运河实验室获批组建

2024年12月24日，广西壮族自治区科学技术厅正式批准组建自治区级实验室——广西现代运河实验室。该实验室由自治区交通运输厅推荐，平陆运河集团有限公司牵头，联合水利部、交通运输部、国家能源局、南京水利科学研究院、广西大学、北部湾大学、广西北部湾国际港务集团有限公司、广西北部湾投资集团有限公司等多家单位共同建设，是广西最高层次和水平的科技研发平台。

广西现代运河实验室立足广西，面向国内国际，聚焦现代运河的设计建造、运行维护与多式联运，致力于突破现代运河大型通航建筑物高效耐久建造、省水船闸服役状态监测与运维、航道智能管控、多式联运高效衔接，以及车船闸港货智慧协同调度与管控等关键技术，推动大型现代运河理论研究与应用技术的重大创新。

未来，该实验室将致力于打造全国首创、世界先进的现代运河建造运维一体化科技创新平台，以及科技成果转化与重要人才培养基地。为现代运河交通运输系统的规划建设、运行养护和运营发展等方面，提供前瞻性指导、科学决策及技术服务。

四、出台有关运河保护与管理制度

目前的《广西壮族自治区平陆运河保护与管理条例（草案）》涵盖多方面关键内容，旨在全方位保障平陆运河的长远发展。

一是明确管理架构。清晰划分政府及相关部门在运河管理中的职能，同时对平陆运河管理机构和运营单位的工作范畴予以明确，确保各主体职责分明，协同合作。二是强化保护举措。从规划层面严格把控，精准界定保护范围，对岸线实施严格保护，着重加强运河两端及原河道的保护与合理开发；积极推动文化遗产的保护利用，促进文旅融合，加强对保护标志和安全设施的维护。三是规范运营服务。着力规范信息发布机制，确保信息准确及时；规范过闸收费标准，保障公平公正；加强船舶过闸流程管理，提升通行效率；加大对服务区建设和运营的管理力度，提升服务质量。四是推动智慧绿色发展。大力推广信息技术在运河运营中的应用，促进多式联运模式发展，构建高效物流体系；致力于绿色运河建设，积极推动节能减碳，严格管控船舶排污，强化水土流失治理。五是筑牢安全防线。全力保障通航安全，完善应急预案管理机制，确保在突发状况下能迅速响应；严格把控运河用水安全，保障水资源合理利用。六是建立法律约束。针对违反条例的行为，明确相应法律责任，为条例的有效执行提供坚实法律保障。

该条例草案共32条，全面涵盖管理职责、保护措施、运营规范、发展方向、安全保障及法律责任等关键领域，为平陆运河的科学管理和可持续发展奠定了坚实基础。条例于2025年5月1日起施行。[①]

[①] 刘有明.关于《广西壮族自治区平陆运河保护与管理条例（草案）》的说明：2025年1月14日在广西壮族自治区第十四届人民代表大会第三次会议上[EB/OL].（2025-01-20）[2025-02-20].https：//dhzt.gxrd.gov.cn/html/art184777.html.

第四章 高质量规划平陆运河经济带研究

平陆运河自开工建设以来,备受各界关注。这条运河不仅是一项伟大的水利工程,更将带动沿线地区经济发展,形成独特的经济带。高质量规划平陆运河经济带,积极推动平陆运河沿线地区经济社会高质量发展,对广西乃至贵州、云南等革命老区振兴和发展有着巨大的促进作用。

第一节 平陆运河经济带概念及概况

一、平陆运河经济带概念

平陆运河经济带规划有狭义和广义之分。狭义的平陆运河经济带特指从广西壮族自治区首府南宁横州市西津库区平塘江口至钦州出海口,全长134.2千米,两侧10千米范围内的核心区域和10千米范围外的拓展区域,即南宁横州市和钦州市两市范围。

广义上的平陆运河经济带根据《广西壮族自治区国民经济和社会发展第十四个五年规划和2035年远景目标纲要》,把南宁、钦州、北海、防城港、贵港等5个城市划为核心区,面积约5.3万平方千米,常住人口约2000万人。经济带深度融合柳州、百色、崇左、来宾、河池、梧州、玉林、桂林、贺州等多个城市,联动合作西南地区及西部陆海新通道沿线省份，即沿西江黄金水道向上游延伸至云南等地、向下游延伸至粤西等地，沿西部陆海新通道向北辐射至四川、重庆、贵州、湖南、陕西、甘肃、青海等。

二、平陆运河经济带沿线概况

在我国区域经济的版图中，平陆运河经济带所处区域展现出别具一格的发展态势，在产业结构维度上，平陆运河经济带坐拥丰富的自然资源，具备极大的开发潜力。

（一）综合实力显著增强

2022年平陆运河经济带（南宁、钦州、北海、防城港、贵港）地区生产总值10590.6亿元，占广西全区的42.8%；人均地区生产总值5.5万元，高于广西全区平均水平10%；进出口贸易总额2719.8亿元，占广西全区的45.9%。居民人均可支配收入30304元，高于广西全区平均水平15%。中国（广西）自由贸易试验区、南宁临空经济示范区、中国－马来西亚钦州产业园区、防城港国际医学开放试验区等重大开放平台加快建设，一批百亿级项目相继投产。

（二）特色产业初具规模

南宁东部新城六景工业园、钦州石化产业园、北海经济技术开发区、铁山港（临海）工业区、防城港经济技术开发区以及贵港市产业园等特色园区，产业集聚效应正不断凸显。目前，已初步构建起以石化化工、金属新材料、装备制造、高端板材、高端造纸、新型建材和新能源等为主导的适港产业体系。在农业领域，海洋渔业、茉莉花（茶）、荔枝以及富硒农产品等特色产业集群，展现出了强劲的发展潜力，具备良好的发展优势。在旅游方面，北部湾国际滨海度假胜地、防城港边境旅游试验区、西江生态旅游带核心区以及南宁区域性国际旅游中心城市，都在加快建设步伐，致力于打造独具特色的旅游目的地,①将为构建经济带现代化产业体系奠定良好基础。

(三)港口枢纽经济加快形成

按照"强龙头、聚集群、补链条"的思路,初步建成面向东盟的临港产业基地。2019年以来,中国石油集团、上海华谊化工集团、浙江恒逸集团、浙江桐昆集团、湖南中伟集团、印尼金光集团、中船集团、国投集团、法国苏伊士、美国普莱克斯、荷兰孚宝等10多家世界500强、中国500强企业进驻钦州或追加扩大在钦州的产业投资,布局生产运营基地,将钦州作为开拓西南地区、东盟市场的战略布局支点。②2022年以来,中石油炼化一体化转型升级项目、桐昆钦州绿色化工基地、恒逸钦州高端绿色化工化纤一体化实现开工,华谊化工新材料一体化项目、中船海上风电总装基地项目、中伟一期12条三元前驱体生产线、远景风电一期主机项目投产。绿色石化产业集群初显规模,粮食加工、林浆纸产业规模不断扩大,进口木材加工、生物医药等产业加快发展,新经济新业态实现突破。

防城港凭借得天独厚的沿海资源优势,全力深耕向海经济领域,港口承载实力实现飞跃式增强,一条充满活力与潜力的"蓝色经济通道"正加速成型。在港口建设领域,防城港港口已跻身全国主要沿海港口之列。目前,防城港建成并投入使用的生产性泊位多达148个,其中万吨级以上的泊位数量为57个,全港综合货物通过能力超过2亿吨。该港口与全球超100个国家、250多个港口建立了贸易通航关系,在我国扮演着战略物资中转关键基地以及南方能源、原材料转运核心枢纽的重要角色。近年来,防城港港口吞吐量一路稳步上扬,已连续12年成功突破亿吨大关。2023年港口货物吞吐量高达1.94亿吨,相较于上一年度,增长率达到26.24%,这一数据充分彰显出防城港港口在推动对外开放进程以及促进区域经济发展层面所占据的举足轻重地位。

---

① 吴丽萍.我区以产业融合推进文化旅游大发展[N].广西日报,2021-06-25(19).
② 童政."铁龙"驰骋向海奔忙[N].经济日报,2022-11-28(1).

近年来，北海建成铁山港公用码头以及石头埠作业区的4个泊位，使得万吨级以上泊位数量翻倍增长。港口基础设施不断优化，口岸运行效率也实现了质的飞跃。目前，北海正加速推进20万吨级航道及码头的建设工作。目前，北海已建成71个生产性泊位，其中21个为对外开放泊位。2017—2023年，全市港口货物吞吐量从3386.63万吨稳步增长至5300.6万吨。2024年，北海启动了向海大桥的建设工程，该桥连接铁山西港与东港，为双向8车道。建成后，将极大提升北海港口服务本地及玉林、梧州、贵港等周边城市货物运输的能力。北海铁山港产业园于2017年4月获批准设立。此后，新福兴、长利、德金、南玻、东方希望等众多行业领军企业纷纷入驻。现在，园区已签约18个项目，总投资额约1144.8亿元，其中投资超百亿元的项目7个，"专精特新"企业项目2个，"四类500强"企业项目1个。[①]

（四）基础设施日益完善

当前，该区域已初步搭建起完备的综合交通运输网络。其中，干线铁路与高速公路构成网络主骨架，城际铁路和普通公路作为有力补充，港口及重要枢纽则成为关键支点。铁路网与公路网密度均超越广西全区平均水准。北部湾港正朝着"千万标箱大港"的目标大步迈进，贵港更是率先成为珠江水系中吞吐量达亿吨的内河大港。与此同时，新型基础设施建设也在加速推进，城区及县城基本实现5G网络全面覆盖。在能源和水利设施方面，其网络不断完善，综合保障能力得到极大提升，为地区发展筑牢了基础。

---

① 储峰，扶建邦，王桂花.向海而生，向海而兴：广西北海发展向海经济的实践探索[N].学习时报，2024-12-30（2）.

第二节　平陆运河经济带的重要意义

自古以来，运河就是经济繁荣的代名词，凡是有运河经过的地方，由于人流、物流、信息流等汇集，可极大地带动运河沿线的经济发展。如京杭大运河经济带带动了沿线几十个城市的经济繁荣，未来的平陆运河经济带也会如此。平陆运河是西部陆海新通道的骨干工程，是中华人民共和国成立以来建设的第一条最高通航等级通江达海大运河，对推动广西乃至西部地区经济社会发展具有特别重大的战略意义，被誉为广西的"任督二脉"。

一、推进西部大开发形成新格局

从地理位置上看，平陆运河连接广西首府南宁与滨海城市钦州。南宁作为东盟博览会的永久举办地，是我国中西部地区特别是西南地区参与国际合作、利用国际资源的关键平台。这一得天独厚的区位优势，为广西构建现代化向海经济产业体系、推进江海联动、促进城乡区域协调发展提供了有力支撑，有助于将通道运输优势快速转化为经济发展优势。

平陆运河还具有重要的交通枢纽价值，通过左江、右江、黔江、红水河、柳江等多条支江与贵州、云南连通，实现了中国西南地区内河航道与海洋的直接贯通，真正达成江海联动发展的格局。正如冯倩（2022）指出的"这种联通对于深入推进新时代守边固边兴边、保障国际国内产业链供应链安全稳定运行意义重大"。[①]

---

① 冯倩.加快建设黔粤水陆通道[N].贵州日报，2022-03-23（2）.

二、有利于广西深度融入国家对外开放发展格局

平陆运河是西部陆海新通道的骨干工程，是推动广西北部湾经济区新一轮对外开放发展的重要载体和平台。自2008年北部湾经济区上升为国家战略后，就形成了中国沿海"两角（珠三角、长三角）两湾（渤海湾、北部湾）"的格局。平陆运河的开通建设，打通了广西发展的"任督二脉"，把西江航道与北部湾港口联通，将把广西8653千米的内河网连接起来。平陆运河的建成，将形成我国垂直运力大、成本低、覆盖范围广的江海联运新通道，让广西北部湾区有了爬坡过坎、借力发展的历史性机遇。

三、促进通道建设和产业融合发展

西部陆海新通道既是物流大通道，也是推动现代产业发展的助推器。在建设新通道的同时，也要以此为契机，大力发展各类产业，优化北部湾经济区产业布局。推动与北部湾经济区共建沿线港口和产业园区，大力发展绿色化工新材料、金属新材料、粮油食品等涉港产业；发展中马钦州产业园、中新南宁国际物流园等国际合作园区，形成生物制药、电子信息等一批具有辐射带动作用的特色产业；推进南宁国际铁路港、南宁临空经济区、柳州西鹅铁路物流中心等物流基地建设，建设具有较强规模经济性的现代物流业；积极融入粤港澳大湾区建设，承接香港、澳门、台湾、珠三角、长三角、京津冀等发达地区先进产业转移，增强产业支撑能力，引导产业转型升级，深度融入全球产业链和价值链，全面提升北部湾经济区在国际分工中的地位。[1]

---

[1] 张倩."西部陆海新通道"战略下的广西北部湾经济区：机遇、挑战与对策[J].产业与科技论坛，2020，19（22）：20-21.

四、促进沿线资源优势转化为经济发展优势

平陆运河的开工建设，将为广西乃至中西部地区开辟一条垂直运力大、成本低、覆盖范围广的江海联运新通道，从而促进生产要素流动、产业结构调整，形成沿江产业集群。一方面，平陆运河在钦州入海，将推动港口产业布局沿平陆运河在钦州港区延伸，打造上下游一体化产业集群，形成河港产城融合、城乡融合、健康发展的新趋势。这将进一步推动钦州比较优势的转变。另一方面，广西有了真正的出海口后，可以在平陆运河两岸布局大型产业项目，推动南宁、钦州两市经济加快发展，带动柳州、贵港、来宾、梧州等产业向海集聚发展。其作用甚至可以沿西江黄金水道向上游延伸至云南，向下游延伸至广东，并沿西部陆海新通道向北辐射至四川、重庆、贵州、陕西、甘肃等省（直辖市）。[①]

五、把广西打造成为对接东盟的便捷地

在区域经济合作与对外开放的大格局中，平陆运河的建设为广西对接东盟创造了前所未有的机遇，成为推动广西乃至中国与东盟深度合作的关键力量。

平陆运河的开通，将开辟一条全新、便捷高效的航运通道，极大地改善中国与东盟国家的贸易运输条件。在国际贸易中，运输成本与效率是影响贸易规模和合作深度的重要因素。平陆运河凭借其独特的地理位置和航道优势，缩短了中国与东盟国家之间的运输距离与时间，降低了物流成本，使得货物能够更快速、更低成本地在双方之间流通。这一优势对于深化与 RCEP 成员国，尤其是东盟十国的产业、经贸合作具有不可估量的作用。运河将为双方企业开展贸易往来提供更为有利的条件，有助于扩大贸易规模，丰富贸易品类，提升贸易质量。

---

① 阮成武.钦州市助推平陆运河经济带高水平建设高质量发展研究[J].桂海论丛，2022，38（5）：93-98.

在产业合作方面，平陆运河将促进中国与东盟国家在共建"一带一路"倡议下的产业协同发展。借助运河的运输优势，双方可以实现资源的优化配置，开展更广泛的产业合作。例如，广西可以依托自身的产业基础，与东盟国家在制造业、农业、资源开发等领域开展深度合作，实现优势互补。同时，平陆运河也为双方的技术交流、人才流动提供了便利，进一步推动产业升级与创新发展。

从港口建设角度来看，平陆运河有力推动了广西面向大海、向海图强的发展战略，加快了北部湾国际门户港和枢纽海港的建设步伐。运河的开通将使得北部湾港口的辐射范围更广，货物吞吐量有望大幅提升，港口的国际竞争力不断增强。北部湾港口作为连接中国与东盟的重要枢纽，其发展对于推动 RCEP 框架下中国与东盟经贸合作的全面发展具有重要意义。通过打造现代化的港口设施，提升港口的服务水平，北部湾港口能够更好地承接中国与东盟之间的贸易往来，促进江海联运优势和潜力的释放。

此外，平陆运河为广西连接东盟打开了多个"对接"端口，减少了对东部沿海地区的依赖，形成了更为多元化、自主化的对外开放格局。这不仅有利于广西在对接东盟中发挥更大的作用，也为中国在区域经济合作中赢得了更多的主动权和发展空间，从而推动广西成为中国对接东盟的前沿阵地和便捷通道。

第三节 平陆运河经济带面临的挑战与改进对策

从民国时期起，平陆运河就承载着人们的发展梦想，历经百年的漫长筹备，终于在2022年8月破土动工并开启了建设篇章。这一世纪工程，不仅将为区域交通格局带来变革，更被视为拉动经济增长、促进对外开放的关键引擎。

平陆运河的建设，在推动区域经济一体化进程中扮演着重要角色，尤其是在助力广西对接东盟、拓展国际市场方面，蕴含着巨大的发展潜力。然而，在建设过程中，平陆运河经济带也面临着诸多严峻的挑战。土地开发空间的限制，对经济带的规模扩张与项目落地形成阻碍；产业布局的不尽合理，制约着经济带的协同发展与产业升级；基础设施的薄弱，影响着经济带的运行效率与发展质量等。所有这些，都需要采取有效对策予以解决。

一、推进平陆运河经济带与自贸区钦州港片区协同发展

2019年8月，中国（广西）自由贸易试验区钦州港片区正式挂牌成立。钦州港片区是中国（广西）自由贸易试验区面积最大、唯一临海的片区，实施面积58.19平方千米，包括钦州保税港区10平方千米、中马钦州产业园区16.05平方千米、钦州港经济技术开发区32.14平方千米。钦州港片区实行"核心区＋功能区"管理模式，以核心区撬动临港区域260平方千米开发建设，实行统一规划、统一产业布局、统一行政审批、统一综合执法。要围绕平陆运河建设，积极推动钦州港片区协同共建平陆运河经济带。

（一）坚持平陆运河经济带与临港园区互动发展

钦州市对产业发展布局的谋划，应重点围绕自贸区钦州港片区的临港产业，注重以六钦高速和钦陆一级公路为疏港辐射通道，规划陆屋、平吉、久隆三个"临港产业园"。未来平陆运河建成后，将形成以钦州港为龙头、平陆运河为战略新通道的河海联动新格局，平陆运河能将自贸区钦州港片区对沿江腹地辐射带动作用起到乘数效应。因此，要加强江海联动的产业规划，因地制宜推进一批临运河产业园区详规落地，构建起平陆运河经济带和临港产业互动发展的新版图。

（二）坚持引导临港产业链向平陆运河沿线布局延伸

围绕平陆运河经济带主导产业，坚持"项目为王"的理念，按照"强龙头、补链条、聚集群"产业发展思路，加强平陆运河经济带全产业链深度调研分析，科学编制产业链招商图谱，引进一批临港产业补链强链延链项目，谋划建设精细化工产业园、新能源材料产业园等特色产业"园中园"，壮大绿色化工、海上风电装备制造、印制电路板、人工智能终端、液晶显示、锂电池材料等产业链群。加快谋划一批重大项目服务支撑平陆运河经济带建设，推动华谊化工新材料三期、桐昆一期、格派新能源、金桂三期等一批百亿元以上重大产业项目加快建设，推动钦州港临港产业向平陆运河沿线布局延伸，打造上下游一体化产业集群，引领平陆运河经济带协同发展。

（三）坚持创新平陆运河经济带产业招商运营模式

一是推动江海联动的产业招商。以沿海产业纵深布局为重点，积极延伸向海重点龙头企业的上下游链条企业在运河沿线的布局，推动建立项目招商数据库、产业链延伸企业树。二是推动跨区域联动的合作招商。以运河为载体，推动形成"江海联动—江海组团—向海经济产业链"的向海经济协调合作模式，推动"港口经济+运河带经济"的系列产业布局加快形成。三是创新以陆海联动为核心的现代产业运营机制。组建以钦州港片区为核心的实体运营中心，实行"跨区域合作"模式，构建南宁、钦州的双城陆海联动，平陆运河与西部陆海新通道经济带、西江经济带、北部湾港向海经济集聚区的跨区域互动，构建广西、西南各省的区域联动机制，提升平陆运河和钦州港片区市场竞争力。

二、高质量谋划建设平陆运河沿线产业园区

（一）坚持科学规划

平陆运河建设时间较长，因此应统筹加快做好园区产业发展规划、总体规划和控制性详细规划等各项规划，特别是国土空间规划要与西部陆海新通道规划以及平陆运河规划相衔接，形成总体规划、专项规划、详细规划相统一的规划体系，统筹建设用地，为经济发展留足空间。突出资源禀赋和产业基础，实施差异化发展路径。合理确定开发建设范围、重点、时序，统筹港口、产业、城镇、生态融合联动发展，打造一批产业特色鲜明、要素集聚能力强、配套服务功能全的现代产业平台，培育一批产值超百亿元、超千亿元园区。灵山陆屋临港产业园要启动总体规划修编调整及报批工作。灵山沙坪产业园要开展产业园总体规划编制并纳入《灵山工业园区总体规划》，结合沙坪工业区规划完善集疏运体系。钦北经济技术开发区要重点完成园区总体规划、控制性详细规划及环评、水资源论证报告编制。龙湾生态智慧城（科创中心）要重点完成概念规划、详规编制等前期工作。钦南临港工业园要重点完成园区总体规划、控制性详细规划、产业规划等的编制，推进金窝现代轻工纺织产业园规划建设。智慧船舶产业园要尽快完成产业园选址、规划等前期工作并启动园区开发建设。要注重围绕产业集群、园区布局、创新驱动、绿色经济等重点内容，谋划一批反映钦州发展诉求的重大项目、重大工程，全力争取纳入国家、自治区各类规划和政策盘子，争取高层高位推动。

（二）完善配套设施

积极争取上级各类扶持资金，坚持抓重点补短板，集中有限资源，推进道路、供电、天然气、供水、排污、物流等生产性基础设施建设，配套园区美化、绿化、亮化、净化等设施，为园区开发打好坚实基础。同时，坚持多元化投入机制，积极主动与北投集团、运河集团等平台企业加强沟

通，争取国企甚至央企参与园区开发建设。灵山陆屋临港产业园可争取专项债支持建设标准厂房及配套设施，开展进园公路、进港公路等集疏运体系项目前期规划设计并尽快实施建设。加快钦北经济技术开发区标准化厂房、关键路网、化工园公共管廊及封闭化管理等基础设施项目建设，打造产城融合示范园区。钦北区平吉临港产业园要争取园区专项债等资金支持，推进建设园区路网、给排水、供水等基础设施建设；尽快完成园区到钦灵公路约3千米路网、园区至S312公路（大垌至陆屋路）前期基础工作，尽快畅通园区外联通道。深化与沿海铁路公司的合作，完善铁路专用线规划建设及跨越铁路的公路网，加快发展现代物流。钦南临港工业园要推进北部湾名贵家居智造基地、中国西部沿海粮食产业园等功能区厂房、路网、给排水等基础设施建设，完善那丽工业园路网、供电、供水、污水处理及职工宿舍等基础设施建设，提升园区承载能力。

（三）加快重点特色产业发展

充分发挥江河海联运赋能产业优势，加快绿色石化、新能源新材料、船舶修造及机械制造、粮油食品加工、木材加工、医药、电子信息等产业集聚发展。加快"一县一业"建设，促进特色产业做大做强。探讨在龙湾生态智慧城（科创中心）打造平陆运河展馆或博物馆，促进文旅产业发展。同时，推动现代服务业与先进制造业、现代农业、传统优势产业深度融合，构建有竞争力的现代产业体系。

三、平陆运河（钦北区）经济带规划建设

平陆运河钦北段长约38千米，途经平吉镇约27千米、青塘镇约5千米、主城区约6千米，涉及18个村（居）委、80个自然村，约4.6万人。应结合钦州市钦北区实际和产业基础，积极谋划运河产业和运河沿线经济带，以港口为航标，重点建设"五个一"（一个内河港口——平吉内河港口，一个产业园——平吉临港产业园，一个物流园——中国—东

盟海铁联运钦州转运中心，一个农业园——九佰垌国家级现代农业产业园，一个商贸综合体——龙湾片区休闲康养商贸综合体）及平吉综合码头、龙湾码头，完善运河沿线过河建筑物、交通路网和水利等基础设施，着力发挥平陆运河钦北段的综合效益。

（一）平吉内河港口规划

一是选址与规模。建议平吉内河港在平吉镇古秀村河段选址，该区域具有独特的地理优势，河道条件良好，适宜港口建设。该区域可提供规划用地750亩，能满足未来发展的需求。

二是功能定位。此港口定位为服务工业与旅游发展的综合型港口。一方面，预留修造船岸线，并布局内河船舶修造、待泊等功能区，为内河航运产业提供全方位支持。船舶修造功能区需配备先进的修造设备与专业技术团队，以满足各类内河船舶的维修与建造需求；待泊功能区则为过往船舶提供安全、有序的停靠空间，保障船舶运营的顺畅。另一方面，建设旅游码头，作为连接沿线及周边旅游景区的重要配套设施。旅游码头设计应融入当地文化特色，打造舒适便捷的游客登船环境，促进旅游资源的整合与开发。

（二）平吉临港产业园规划

一是选址与规模。建议在平吉镇的国有紫胶林场选址，该址紧邻平吉内河港口，具备得天独厚的交通优势。该区域可提供规划用地约10平方千米，如此广阔的土地资源可为产业发展提供充足的空间。

二是产业定位。主要承接钦州港自贸区产业延伸，重点打造塑料制品、弹性体制品、化纤制品和新能源电池材料等大型生产基地。在塑料制品领域，引入先进的生产工艺与设备，生产各类高端塑料制品，满足不同行业的需求；弹性体制品方面，注重研发创新，提升产品性能与质量；化纤制品生产则向绿色、环保、高性能方向发展；新能源电池材料生产基地应致力于研发与生产先进的电池材料，为新能源产业发展提供有力支撑。

三是发展目标。平吉临港产业园的建设应为钦州市大宗商品应用产业发展提供重要支撑。通过产业集聚与协同发展，提高产业竞争力，吸引更多相关企业入驻，形成完整的产业链条。同时，加强与周边地区的产业合作，促进区域经济一体化发展，为钦州市经济增长注入新的活力。

（三）建设九佰垌国家级现代农业产业园

九佰垌国家级现代农业产业园占地规模达20.07平方千米，现阶段已成功创立具有地域特色的"五有"农产品品牌体系，即平吉有菜、平吉有果、平吉有米、平吉有鱼、平吉有鹅。凭借与平陆运河相邻的独特区位优势，产业园在未来发展上具有明确的战略方向。该园以特色优势农业产业为核心，融合生态循环农业、农产品精深加工产业、乡村休闲旅游产业以及农耕文化体验产业等多元业态，全力打造沉浸式体验旅游项目，旨在推动文旅产业实现高层次、高质量发展。

在产业多元化拓展进程中，商贸综合体的规划与建设至关重要。建议商贸综合体选址于产业园的核心枢纽区域，该区域交通网络发达，具备优越的货物转运与人员流动条件。其功能布局紧密围绕农业全产业链展开，构建大型农产品交易市场，涵盖实体交易专区与数字化线上交易平台，全面汇聚"五有"品牌农产品及各类特色农产品，以此达成农产品的高效流通，并实现销售范围从区域市场向全国乃至国际市场的广泛延伸。与此同时，配套建设现代化冷链物流中心，运用前沿的制冷保鲜技术与智能化仓储管理系统，全方位保障农产品在运输与储存环节的品质，有效延长农产品的市场销售周期，显著提升产品附加值。

此外，商贸综合体要设立农业生产资料展销专区，集中陈列并销售种子、化肥、农药、农业机械等各类农业生产必备物资，为农户与农业企业提供便捷的一站式采购服务，切实降低采购成本，大幅提高农业生产效率。在配套服务设施建设方面，引入餐饮、住宿、金融服务、信息咨询等多元化服务机构，充分满足产业园内从业者与往来客商在日常生活与商务活动中的各类需求，全力营造优质的营商环境。

商贸综合体通过与生态循环农业、农产品加工等建立深度联动机制，实现资源的优化配置与产业间的优势互补。例如，农产品加工企业能够直接从交易市场获取优质原材料，其加工后的成品又可迅速进入销售渠道；生态循环农业所秉持的绿色发展理念也能够融入商贸流通环节，助力绿色农产品的推广，进一步提升产业园的品牌形象。通过这种产业协同发展模式，九佰垌国家级现代农业产业园可构建起更为完善、高效的产业体系，为区域经济发展与乡村振兴战略的实施提供强劲动力。

（四）加大运河沿线园区用地、用林指标供应

平吉临港产业园、中国-东盟海铁联运钦州转运中心、龙湾片区休闲康养商贸综合体等重点项目需用地2.4万亩。但目前所提供的用地、用林指标难以满足需求，因此，各级要积极争取自治区层面的支持，争取给予专项安排。

四、平陆运河经济带（灵山段）规划建设

灵山处于平陆运河的重要节点，平陆运河灵山段全长36.5千米。平陆运河建成通航后，将给灵山县的发展带来重大利好机遇，为当地开发开放、发展向海经济打开新格局，临港产业、内河航运等县域经济新形态将大量涌现，灵山将有望实现弯道超车式的发展。

（一）做好"港"的文章

重点规划建设灵山港区。灵山港区由陆屋作业区、沙坪作业区、旧州故城港组成，自然岸线长6560米，规划布局集装箱泊位、通用泊位、杂货泊位32个，规划到2035年吞吐能力达到2090万吨。近期可依托平陆运河陆屋产业园（在建）、沙坪产业园（规划）等，主要为灵山及周边地区干散货、件杂货、集装箱运输及临港工业开发服务，并具备船舶修造功能。远期结合发展条件积极拓展仓储物流、冷链物流等服务功能。后期可

规划将灵山县城及周边乡镇纳入平陆运河水运体系，建立以水为媒，以港为载体的联动发展体系，不断释放"海"的潜力，激发"江"的活力。

（二）做好"产"的文章

平陆运河陆屋临港产业园规划面积15.5平方千米，已开发面积约3.5平方千米，园区新增建设用地约0.75平方千米，可供开发的非永久基本农田储备土地约10平方千米。建议下一步规划将园区向东扩展到35平方千米，延伸到平陆运河沿岸与灵山港区陆屋作业区连接，形成前港后园的发展格局。建议园区重点发展绿色家居、服装纺织、食品加工、新材料等产业，培育发展装备制造产业，建设承接大湾区制造业梯度转移的先导区、承接东部产业转移的示范区、广西自由贸易的试验区（钦州港片区），推动陆屋建设成为平陆运河港产城融合试验区。适时启动建设沙坪产业园，依托沙坪作业区作为西江航道连接平陆运河"第一港"的区位优势，发挥其两个水系间物资转运、换装接驳、仓储物流等作用，在沙坪作业区内陆腹地规划建设沙坪产业园。

（三）加快现代服务业发展

依托平陆运河航运能力，主动对接钦州保税港区，支持"巧妇9妹"等灵山县600多家电商企业拓展快递物流网络，积极探索"跨境电子商务+国际联运"新模式，推动传统市场升级和模式创新。近期依托广府会馆、高州会馆文旅资源，重点推进陆屋广府会馆、高州会馆修缮工程，并进行周边环境整治和历史文化研究，完善文化旅游配套设施，打造集研学、游览、休闲于一体的文化休闲公园。

五、拓宽平陆运河建设融资途径

设立港口发展基金。相较于其他融资途径，港口发展基金可极大地提高社会闲置资金投入港口基础设施建设的可行性并降低资金风险。同时，可直接提升港口建设项目的资本金比例,减轻负债压力,进而增强港口基础设施发展的动力。[1]

开展债券融资。发行地方政府专项债券,以项目收益作为还款来源,项目收益冲抵地方政府专项债券本息以后的收益可作为其他融资担保来源,或通过发行中期票据、企业债券、短期融资券等金融产品大幅调整负债结构,降低融资成本,节省资金用于更多项目建设。

六、建立平陆运河产业发展部际联席会议制度

借鉴长江经济带发展经验,争取得到国家层面协调指导,建立平陆运河经济带发展联席会议制度,研究解决平陆运河经济带发展遇到的重大问题。发挥水利、发展和改革、文化和旅游、工业和信息化、交通运输、农业农村、生态环境以及自然资源等部门的作用,协调平陆运河沿线地区的工业、文化旅游和生态环境保护发展。同时,建立健全平陆运河沿线各级地方政府协商合作机制,共同研究解决沿线区域合作中的重大问题和难题。[2]

---

[1] 冯基芳.海南自贸港建设背景下港口高质量发展的思考[J].今日海南,2021(9):50–51.

[2] 袁志彬.中国大运河经济带的产业选择与发展研究[J].区域与全球发展,2019,3(2):94–103,157–158.

第五章　平陆运河与钦州发展向海经济研究

纵观古今中外的发展轨迹，不难发现，一个国家或地区若积极投身海洋经济发展，与世界的联系就会日益紧密，其经济发展也将迎来更为广阔的上升空间。海洋作为连接世界的天然通道，为国际贸易、文化交流以及资源开发提供了广阔的平台。许多沿海国家和地区凭借海洋优势，在全球经济格局中占据重要地位，这充分证明了海洋经济的巨大潜力。当下，平陆运河建设项目正稳步推进，钦州作为该项目的核心区域，肩负着重要使命。平陆运河中，钦州段长达114.5千米，高达85%的工程量集中于此，且全部枢纽及出海口均在钦州。这一得天独厚的条件，为钦州发展向海经济带来了千载难逢的历史机遇。

第一节　平陆运河对发展向海经济的重要意义

平陆运河的建设，绝非仅局限于解决广西临海却无江河直接通海的地理短板，其深远意义在于，为广西乃至整个中国西南地区的开放发展开辟了全新路径，深刻影响并重塑着向海经济的格局。钦州，这座位于平陆运河主航道与出海口的城市，更是因运河穿城而过，迎来了前所未有的发展机遇。① 平陆运河建设为钦州带来了重大契机。凭借独特的区位优势，钦州全力朝着打造海洋经济强市的目标迈进。

一、平陆运河赋能钦州，向海经济强势崛起

平陆运河的建设，将钦州港与珠江-西江经济带紧密联通，打造出低成本、绿色、便捷的内河水运通道。同时，该运河与钦州国际枢纽港实现有效衔接，构建起"海运航线网络+平陆运河"的水运物流通道，有力推动"一核""两轴"物流发展格局的加速形成。在这样的格局下，钦州能够更好地发挥其交通枢纽作用，提升物流运输效率，降低物流成本，增强区域经济的竞争力。

未来，钦州将依托平陆运河，积极承接产业转移，促进海洋产业集聚，涵盖港口物流、海洋装备制造、海洋渔业等多个领域，推动产业结构优化升级。同时，加强与国内外沿海城市的合作交流，拓展贸易市场，提升城市的经济实力与国际影响力。这不仅有助于广西实现拥抱海洋、谋求强省的发展目标，也将为我国海洋强国建设贡献重要力量，在全球海洋经济发展的舞台上展现中国智慧与担当。

二、平陆运河赋能钦州临港产业集群崛起

平陆运河，这条连接钦州港与西江、珠江航运的"黄金水道"，正凭借其无可比拟的战略价值，成为推动钦州构建临港产业集群的核心驱动力。

钦州港片区，作为中国（广西）自由贸易试验区中面积最大且唯一依海而建的片区，其"一港两区"的功能定位犹如为这片土地勾勒出一幅宏伟蓝图。西部陆海新通道国际门户港，承载着打通国际物流通道的重任；

---

① 赵慧，康安.通江达海向海图强的"世纪工程"：广西高标准高质量建设平陆运河的实践探索[N].学习时报，2024-12-09（2）.

向海经济产业集聚区，旨在将海洋资源转化为经济发展的强劲动力；中国-东盟合作示范区，则致力于深化区域合作，拓展国际市场。基于此，钦州港片区前瞻性地布局了港航物流、国际贸易、绿色化工、新能源汽车等多元产业，这些产业恰似孕育在肥沃土壤中的种子，等待着茁壮成长的契机。

未来平陆运河的开通，就像是为这片产业沃土引来了"源头活水"。平陆运河将打破以往制约产业发展的物流困境，通过提升运输效率、降低物流成本，为产业发展筑牢根基。从产业发展的视角剖析，绿色化工、新能源材料、装备制造等特色产业将迎来前所未有的发展"风口"。

以绿色化工产业为例，平陆运河可极大地优化原材料的运输路径。企业可更迅速地获取各类生产原料，减少库存积压，有效降低运营成本，提升生产效率。与此同时，借助便捷的水运通道，企业产品能够更快速地抵达国内外市场，增强市场竞争力。新能源材料产业同样受益于平陆运河的开通，便利的交通条件将吸引大量的上下游企业在此聚集，加速产业集群的形成，促进产业链条的不断完善，最终实现规模化地发展。

装备制造产业一直面临着大型设备运输难题，而平陆运河宽阔的航道和强大的运输承载能力，将为摆脱这一困境提供方案。由此，企业能够承接更大规模的订单，拓展业务范围，实现跨越式发展。电子信息和新材料等产业，将在平陆运河的辐射带动下，与其他产业形成紧密的协同发展关系，形成相互促进、共同繁荣的产业生态。

平陆运河将凭借其强大的赋能作用，推动钦州特色产业加速发展，促进产业间深度融合，助力钦州打造独具特色的临港产业集群，在区域经济发展中崭露头角。展望未来，随着平陆运河的持续运营与不断完善，钦州临港产业集群必将开启更加辉煌的发展篇章，成为引领区域经济腾飞的重要增长极。

三、平陆运河赋能钦州港物流功能升级

平陆运河开工建设，为钦州港物流功能的提升带来了质的飞跃。在西部陆海新通道的格局中，航程与成本一直是影响物流效率的关键因素。平陆运河巧妙地缩短了出海航程，让钦州港的货物能更快驶向广阔的海洋，同时降低了物流成本，使钦州港在物流竞争中更具优势，进一步巩固了其在西部陆海新通道中的核心枢纽地位。

钦州港在大宗散货和液货集散方面有着深厚的根基，是国内锰矿、煤炭等大宗散货的重要集散港口，也是石油、石油制品等货物的大型集散基地。平陆运河的出现，让钦州港的疏运优势得以充分发挥。水运相较于其他运输方式，天然具备成本低、运量大的特点。平陆运河建成后，可让大宗散货和液货运输成本大幅降低，能源消耗也随之减少。运输能力的提升，使得南北向物流运输更加顺畅，为这些货物的高效运输提供了极大便利。

从运输路线来看，钦州港海运而来的货物，借助平陆运河与内河航运的连接，将可以轻松抵达南宁、贵州、云南等地。这不仅大幅增加了水路运输量，港口吞吐量也随之大增。越来越多的船舶穿梭于钦州港，物流人流也更加密集，钦州的海港和内河港口成为繁忙的停靠、休整站点，港口活力被充分激发。

总之，未来平陆运河的通航，对钦州向海经济的发展将是意义非凡。该运河不仅将极大地改善钦州的交通条件，成为连接内陆与海洋的黄金水道，还将促进产业集聚，吸引更多的资源和要素向钦州汇聚。通过运河，钦州能够更便捷地与国内外市场开展贸易往来，降低物流成本，提升区域竞争力。从更宏观的角度来看，平陆运河的建成将掀开广西全面开放向海、向海图强的崭新篇章，推动广西深度融入全球海洋经济体系，加强与周边地区的经济合作，为广西经济的高质量发展注入强劲动力，助力广西在新时代的发展浪潮中勇立潮头，实现经济的腾飞与跨越。

第二节　平陆运河背景下钦州发展向海经济的优势及现状

发展向海经济是广西新时期发展的新使命。向海经济由向海通道经济、海洋和海岸带经济、生态型向海经济等构成。[①] 在向海经济规划引领下，钦州市向海经济已取得重大突破，2022年向海经济生产总值同比增长11.6%，规模和增速均位列广西4个向海经济核心城市的第1位。随着西部陆海新通道骨干工程平陆运河建设的加速推进，钦州市谋划向海经济抢抓平陆运河建设新机遇，加快建设国际门户港，优化平陆运河经济带海洋产业布局将比以前更为迫切。

一、平陆运河背景下钦州发展向海经济优势

平陆运河是西部陆海新通道的骨干工程，是连接中国西南腹地和北部湾港的重要通道，其开工建设极大地提升了钦州市在全国向海开放格局中的战略地位。

（一）平陆运河建设推动钦州向海战略布局全面形成

自西部陆海新通道启动建设以来，钦州市立足钦州港这一国家枢纽港口，逐步打通了"陆海双向物流"的网络体系。钦州港至西南内陆主要物流枢纽实现了两天可达，覆盖中国18个省（区、市）73个城市的156个

[①] 广西壮族自治区人民政府办公厅.广西壮族自治区人民政府办公厅关于印发广西加快发展向海经济推动海洋强区建设三年行动计划（2020—2022年）的通知[J].广西壮族自治区人民政府公报，2020（18）：13-22.

站点，港口集装箱航线达70条，连接全国沿海港口及东盟国家主要港口。

（二）政策平台优势

随着经济社会的快速发展，钦州成功争取到中马钦州产业园区、保税港区、整车进口口岸、中国-东盟港口城市合作网络钦州基地等国家平台。2019年8月，中国（广西）自由贸易试验区钦州港片区的设立，使钦州跃居中国面向东盟开放的最前沿。近年来，钦州市的海洋产业及以港口为依托的临海工业得到了较快发展。自治区政府十分注重做好"海"这篇文章，并将海洋产业定位为广西的重点发展产业。钦州市也将海洋产业定为核心产业，委托国家海洋信息中心编制了《钦州市向海经济发展"十四五"规划》，研究出台了《钦州市委、市政府关于加快建设海洋经济强市的意见》等。2022年8月，平陆运河开工建设，平陆运河经济带等重大决策部署的政策叠加，为进一步加快钦州发展海洋产业经济提供了强有力的支撑。

（三）区位状况

钦州位于广西南部，与北部湾之内的钦州湾相连，钦州的区位条件十分独特，具有十分重要的战略意义，是广西北部湾经济区的地理中心和核心发展区域，是广西南部沿海的交通枢纽。钦州的腹地是大西南和中南西部地区，处在华南、西南及东盟三大经济圈的结合中心，随着平陆运河的开工建设，广西成为国家"四纵四横两网"高等级航道体系的重要节点，钦州也成为中国西南地区最便捷的出海口，是国家重点打造的面向东盟合作的重要平台和主要窗口之一，是发展国际产业合作的重要区域。

从区位优势上分析，钦州地处广西边海防一线中心节点，"居中而拥港"，是北部湾经济区中心城市，已形成"港通四海、路连八方"的交通枢纽格局，应对突发事件的立体化交通应急保障能力显著提高。从产业布局看，钦州拥有中马钦州产业园区，是国家面向东盟开放合作的重要门户港和枢纽城市。目前，钦州已建成西南地区最大的能源化工基地——钦州石化产业园,并正在积极打造千亿级新能源电池材料产业集群、千亿级海洋装备制造产业集群。

（四）平陆运河建设完善向海基础网络

平陆运河的建设直接推动了钦州市基础网络的完善与升级。近年来,钦州市围绕北部湾集装箱干线和西部陆海新通道国际门户港的战略定位,大力推进港口基础设施建设。

钦州港紧扣国家赋予建设"国际门户港""集装箱干线"的定位,奋力加强港口基础设施建设,已建成仓库6万平方米,堆场8万平方米,可同时存放货物20万吨。截至2023年,钦州港拥有47个万吨级码头,具备承载30万吨油轮和20万吨集装箱船舶的能力。这些基础设施的不断完善,使得钦州港口的货物吞吐量从2016年的不足1亿吨提升至2023年的1.93亿吨,集装箱吞吐量突破621万标箱,排名升至全国沿海集装箱港口前10强和全球第28位,标志着钦州港综合实力显著提升。此外,还开创了全球独一无二的"U"形工艺,并建成了全国首个海铁联运全自动化智慧码头——大榄坪南7号、8号集装箱自动化泊位。此外,还运营着全国第12个,也是唯一一个非省会和非计划单列市的钦州铁路集装箱中心站,成功打通了海铁联运的"最后一公里"。

截至2023年5月份,挂靠钦州港的集装箱航线有69条,其中外贸42条（远洋航线6条）,内贸27条,通达全球100多个国家和地区的300多个港口,实现了国内重要港口和东盟国家主要港口的全覆盖,成为中国-东盟区域性国际航运中心、中国-东盟信息港副中心、国际集装箱干线港、西部陆海新通道海铁联运重要节点。

（五）滨海旅游资源

钦州具有良好的滨海旅游资源,是古代"海上丝绸之路"的始发港之一,也是著名的"中华白海豚之乡",所辖海域独具"岛、林、滩"特色,形成了别具一格的岭南人文景观与滨海自然景观。目前,拥有"中国丝绸之路"商埠、"海上大熊猫"中华白海豚、乌雷古炮台、伏波庙等海洋文化景观。国家4A级旅游景区三娘湾、龙门群岛、麻蓝岛、月亮湾、仙岛公园等具有浓郁海洋特色。

钦州茅尾海面积达135平方千米，海水容量达3亿—5亿立方米，生态环境优良，风平浪静，可发展滨海旅游业及海洋服务业，茅尾海已被国家海洋局批准设立国家海洋公园，是全国唯一可观赏野生中华白海豚的地方，拥有近海群岛——龙门群岛，可发展海岛旅游业；钦州海岸线拥有的红树林属国家一级保护胎生植物，面积达4万余亩，具有可观的医药价值、观赏价值及海洋生态保护价值。

二、平陆运河背景下钦州"向海经济"产业发展现状

近年来，钦州市海洋强市的发展理念日益显现，发展海洋经济的思路越来越清晰，竭尽全力把海洋产业发展作为新兴经济增长点来抓。2017年，钦州海洋经济生产总值达523亿元，以10亿元之差落后于北海，位居广西沿海三市第二。 2018年市政府工作报告指出"要充分释放海的潜力，发展向海经济，打造海洋强市"后，钦州市的向海经济发展不断呈现新局面，2022年，海洋经济生产总值达到805亿元。

近年来，钦州市投入全市所有力量打造临港产业、港口航运业及水产加工业等为重点的海洋产业体系，这些年海洋经济和海洋产业的发展水平得到显著提升，年平均增长率约29%，成为钦州的主要核心产业。其中，增长最快的海洋产业有海水养殖业、港航服务业、海工建筑业、海洋旅游业四大重点产业，其总产值占钦州市海洋产业总量的95%。尤其是海洋养殖，钦州市以"钦州大蚝"品牌为核心，建成了13个人工繁育场，年产蚝苗1800万串。"钦州大蚝"地理标志品牌的总价值达53亿元，并成功跻身中国区域品牌百强榜。钦州还获得了国家级海洋牧场示范区的认证，进一步巩固了其在全国海洋养殖领域的领先地位。当前，钦州的新兴海洋产业：海洋船舶与工程装备、港航服务（航运、海上搜救、港航信息等）正

在逐步发展壮大。

钦州市海洋产业布局主要分布在沿海岸线纵深30千米以内的区域，集中以港口为依托的海洋交通运输业、大型临海工业、海工装备业等主要布局在钦州市国家级钦州港经济技术开发区、保税港区及中马产业园区内，海水养殖业主要分布在钦南区沿海一带区域及浅海滩涂区，海洋捕捞主要分布在龙门港镇、犀牛脚镇（均为钦州港经济开发区管辖），海洋食品及保健品开发产业主要布局在钦南区及高新区区域，滨海工程建筑业主要分布在钦州港经济技术开发区及滨海新城区一带，滨海旅游业主要分布在滨海新城区及三娘湾旅游管理区。

在平陆运河建设及西部陆海新通道的双重助力下，钦州市的向海经济发展已经进入快车道。2023年，钦州市海洋经济总值达878.5亿元，占全市GDP比重的44%。这一比重的持续提升，表明海洋经济在钦州"向海图强"战略中的核心地位愈发突出。①

第三节　平陆运河背景下钦州发展向海经济面临的挑战

平陆运河作为西部陆海新通道的骨干工程，不仅对优化中国西南区域经济布局具有重要意义，也为钦州发展向海经济提供了全新机遇。然而，从经济学的视角出发，钦州的向海经济在平陆运河建设过程中仍面临多重困难与挑战。

---

① 苏政华，黄瑞深.钦州海洋治理经验获联合国推广[N].钦州日报，224-05-24（1）.

一、用海供需矛盾较为突出

一是用海资源配置约束与需求扩张的矛盾。钦州因其地理位置和向海经济布局的特殊性，面临用海资源的刚性需求。随着临海产业的快速集聚，重大项目对海域和岛屿资源的需求持续上升。然而，国家相关政策趋严导致资源报批和利用难度加大。这种供需矛盾反映出资源稀缺性与需求弹性的不匹配，资源错配问题在经济学中会引发"短期困境"，即短期内用海资源供给难以快速响应需求，削弱了平陆运河与自贸区建设对钦州向海经济的驱动力。二是用海审批滞后对投资回报的影响。用海报批流程的复杂性和周期性延长了重大项目的建设周期，降低了资本回报的预期收益率。依据投资理论，企业对不确定性环境下的投资意愿会下降，从而可能影响临海产业的投资力度，限制产业集聚效应的形成。

二、与东盟国家海洋经济合作领域有待提高

目前，钦州与东盟国家的海上合作主要是利用钦州港的有利条件实施，集中在港航物流领域、海上旅游、海洋开发合作等领域。合作刚刚起步，规模小，海洋科技等领域合作几乎是空白；通往东盟的航线少、密度不够或不能直达目的地；中马钦州产业园区管理体制机制有待健全，园区综合服务功能有待提升；中马"两国双园"合作机制需进一步完善。[1]

三、海洋资源的科学利用不够完备

钦州市具有优良的港口资源，但由于港口建设起步较晚，港口建设的总规划尚不够完善，港口码头泊位的功能不够完备，海岸线的开发及最大价值利用方面有欠科学性，部分深水岸线由于历史原因未能按照深水深用

---

[1] 尹继承."一带一路"背景下广西钦州"向海经济"发展路径研究[J].广西经济干部管理学院学报，2018，30（1）：1-5.

原则得到开发利用，特别是老作业区码头的功能布局不合理，功能较为杂乱，码头功能与后方产业发展不协调，缺乏特种产品作业泊位，相关配套设施不完善，港航服务能力偏弱，进出港的货物品种单一，货物流量不足，航线航班偏少，船期偏长，航运费用、装卸费用及相关报关报检费用偏高，通关效率有待继续提高，与港口相配套的铁路联运系统尚不完善，港口拉动作用不明显，作为国际大通道的作用尚没有完全展现出来。[①]

四、海洋产业结构层次有待提高

钦州的海洋产业尚处发展初级阶段，主要是传统的海洋产业，即海洋渔业、海洋旅游业和海洋交通运输业等，海工装备及海洋工程产业刚刚引进，高端游艇制造、海洋生物医药及相关深加工等产业缺乏，水上运动、海洋竞技等产业及关联海洋服务刚刚起步。海洋产业发展仍属粗放型发展方式和低层次的发展业态，具有较强拉动力的龙头项目少，产业链没有完全形成，海洋产业的产品结构不太丰富，产品附加值有待提升。[②]

五、海洋产业体系发展不够健全

目前，由于对海洋战略性新兴产业的培育和引导发展力度不太够，对海洋资源的开发缺乏系统性，导致钦州市的海洋产业体系还不够健全，产业结构较为单一，产业升级较为缓慢，特别是现代海洋新兴产业缺乏。钦州沿海一直以来的主要海洋产业为传统海洋业，即渔业捕捞及海洋产品的初级加工，产品附加值低，没有形成品牌效应；近年来在临海重化工业发展中取得了一定成效，但总体看，产业链及上下游配套产业仍有待发展。

[①] 尹继承.“一带一路”背景下广西钦州"向海经济"发展路径研究[J].广西经济干部管理学院学报，2018，30（1）：1-5.

[②] 尹继承.“一带一路”背景下广西钦州"向海经济"发展路径研究[J].广西经济干部管理学院学报，2018，30（1）：1-5.

除资本密集型的临港工业外，技术含量高的海洋新兴产业不多，与海洋相关联的科研、教育及海洋服务业等综合服务业发展还较为滞后，基本上还处在起步阶段。

六、向海产业集群效应不够明显

一是沿海三市同质化竞争问题仍存在。2007年2月，尽管钦州港、北海铁山港、防城港三港整合组建北部湾港，成立广西北部湾国际港务集团，实现了广西区内"抱团"。但北部湾港内部整合不够充分，各港口间仍存在激烈的竞争关系。从沿海三市向海经济发展来看，根据《广西海洋经济可持续发展"十三五"规划》显示，钦州市着重发展石化、海洋工程、装备制造等现代临港产业，积极发展海洋生物医药和港航服务业。当前，钦北防三市的海洋产业园区建设雷同、产业结构雷同，临港产业布局相似，重复建设问题仍然存在。二是海洋产业集群效应不明显。例如，大蚝产业是钦州市海洋养殖的支柱产业，早在2016年成功荣登中国品牌价值榜，2018年成为中国地理标志产品，2020年大蚝养殖面积达21.3万亩，产量40万吨，产业总产值60亿元。无论是产量、养殖面积还是苗种产量，都位居华南地区第一。尽管如此，大蚝产业的辐射带动作用发挥并不明显，在规模养殖和产业化发展的道路上前进缓慢。大蚝产业链问题突出，大蚝精深加工成为最大短板。截至2022年年底，钦州只有一个大蚝精深加工项目——广西阿蚌丁现代渔业产业园。如何推进大蚝与第二、第三产业融合发展，让钦州大蚝走向全国仍任重而道远。

七、政策执行与协调机制不够充足

一是政策执行效率的制约。虽然钦州在推进向海经济发展中制定了一系列政策，但政策执行的具体效率受到资源调配、跨部门协同以及政策细则落实的影响，部分政策在实际操作中"空转"。这与制度经济学中的

"政策执行瓶颈"相符,即政策目标的实现需要有效的制度支持与执行机制,而钦州在政策执行中的协调性和效率仍需提升。二是区域协同政策体系不完善。平陆运河建设涉及多个城市与地区的协同发展,但目前区域间的政策协调和利益分配机制尚不成熟,可能引发资源争夺和竞争加剧的问题。经济学理论强调区域间的分工合作应基于比较优势和协同效应,缺乏明确的合作框架和共赢机制可能降低整个区域经济体系的竞争力。

八、开放创新与人才技术成为短板

一是人才与技术供给不够足。钦州在高端海洋科技人才储备和创新能力上存在较多不足。创新经济学理论认为,技术创新是推动区域经济高质量发展的核心动力,而钦州在海洋装备、智能港口、绿色化工等关键技术领域的自主创新能力较弱,导致向海经济的内生增长动力不够足。二是开放合作水平有限。尽管平陆运河建设拓宽了钦州对外开放的渠道,但其在推动高水平国际化合作和吸引全球资本方面的能力仍需增强。例如,与"一带一路"沿线国家在高端制造和现代服务业方面的合作尚处于初级阶段,对全球价值链的嵌入度较低,限制了经济外向型发展的深度。

第四节 平陆运河背景下钦州向海经济发展路径

平陆运河建设为钦州发展向海经济提供了历史性机遇,钦州应抓住平陆运河建设和新通道建设的机遇,促进海洋产业发展和现代滨海运河城市建设,统筹推进运河基础设施建设与城市建设协同、产业园区和港口协同,积极围绕大型运河设施和其他重要交通枢纽,进行规划重大产业和重大项目布局,实现运河建设和海洋产业发展的良性循环。[①] 依托平陆运河建设使钦州成为21世纪海上丝绸之路和丝绸之路经济带有机衔接的重要门户,拓宽海上经济互联互通渠道,争做西南中南地区开放发展的新战略支点,推动"蓝色经济"高质量发展。

一、完善钦州发展向海经济要素保障体系

深化海洋、土地、金融、财税、科技支持,保障向海经济要素的有效供给。要紧密围绕平陆运河建设规划要求,以平陆运河沿线国土空间格局优化为主要抓手。作为典型稀缺资源,土地资源对于向海经济的发展具有双重作用,其既是促进生产的空间载体,同时又因自身稀缺性而对向海经济发展具有约束作用。因此,要加强陆海土地资源的整合协调,并不断优化土地利用布局结构,合理配置沿海、沿江、沿口岸重点城市(城镇)、陆海重点产业、重点园区、重大项目的土地资源。[②]

一是提高资源配置效率。在钦州用海资源供需矛盾日益突出的背景下,科学的资源配置机制显得尤为重要。经济学中的"最优资源配置"理论指出,通过供给侧结构性改革可提高资源使用效率。因此,钦州应引入市场化的用海资源分配方式,如通过海域使用权的竞价与转让机制,推动资源流向高附加值项目。这不仅能优化资源配置,还能促进用海资源的高效利用。二是加强用海规划与监管。用海规划的精细化和监管的数字化是提升用海效率的关键。钦州需依据国家用海政策,制定符合地方特点的用海规划,优先保障具有全局性影响的重大项目需求。同时,应利用数字化技术优化用海审批和监管流程,减少制度性交易成本,如通过大数据与人工智能技术实现用海审批流程的自动化与透明化,从而提高资源配置效率。

[①] 林昆勇.平陆运河建设视角下的广西海洋强区建设路径研究[J].南宁职业技术学院学报,2024,32(1):70-78.

[②] 许露元.新发展阶段我国向海经济协调发展路径研究[J].国家治理,2022(3):56-58.

二、拓展与以东盟国家为重点的海上合作

利用广西水路运输的优势将平陆运河建设为中国与东盟贸易往来最便捷的水运通道，利用现有的多式联运运输模式，让东南亚货物以更加便捷、更低成本进入中国内地市场，成为连接东盟的新节点。[①] 依托中国-东盟港口城市合作网络，推进与东盟港口城市在海洋气象、海上搜救、海员培训等领域的合作。争取建设"一带一路"渔业合作示范区，推动海洋渔业"走出去"，与文莱、印尼、越南等东盟国家开展交流与合作。健全钦州与马来西亚关丹市等东盟国家港口城市的跨境旅游合作机制，培育钦州至东盟国家重点旅游城市的国际海上旅游精品线路。

借助中马钦州产业园区的优势，重点发展航运金融、航运保险、航运咨询、航运经纪、船舶租赁、后勤补给及海事法律服务等航运服务要素，并规划建设与现代港口航运服务业相匹配的高端城市配套设施。积极发展港口物流、涉海金融、海洋信息、商务咨询、游艇培训、人力资源服务等服务业，打造形成北部湾以航运服务业为核心的海洋现代服务业集聚区。推动中马钦州产业园区建设，呼应马中关丹产业园区，创新与东盟国家构建"两国双园"合作新模式，在投资、贸易和体制机制等方面给予更多优惠措施。积极向自治区争取，尽快推进钦州保税港区与马来西亚关丹港跨国口岸合作通关便利化，率先探索实施中马"两国一检"。与马来西亚关丹市加强合作，共同办好"两市双日"活动。

三、以科学发展理念整合海洋资源

统筹平陆运河钦州段向海产业发展的政策保障。树立科学发展理念，把握历史发展机遇，全面按照习近平总书记赋予广西发展的定位要求，以及钦州四大发展战略（开放创新、港城联动、产业强市、生态惠民），打

[①] 黄怡.平陆运河产业发展对策研究：参考三峡集团经济带建设经验[J].老字号品牌营销，2024（7）：133-135.

造1000万标箱规模的国际集装箱干线港，打造国际区域性航运枢纽；在做好海洋综合环境保护的同时，大力提升临海产业、海洋交通运输业及海洋渔业，积极推进滨海旅游、海洋矿业、海洋化工、海洋生物医药、海上风能开发等新兴产业。全面整合海洋资源，完善海洋功能区规划和海洋主体功能区规划，严格按规划要求执行落实，科学规划各海域发展战略，按照因地制宜原则制定区域开发方式、开发强度标准、开发内容以及科学的开发程序，合理规划开发海岸线，合理利用海洋资源，提升开发效率，走可持续发展之路。

四、以打造海洋产业体系促产业转型升级

建立健全适宜海洋产业发展的新型投融资机制，按照创新驱动、开放发展的理念，打造海洋产业体系，集聚钦州市之力重点发展具有良好基础、具备发展潜力、技术研发成熟、产业发展黏性强及容易形成产业链等特点的海洋产业，推进海洋产业快速集群发展，加快形成产业集聚效应，全面提升产业竞争力。

按照现有产业基础条件及产业发展潜力，以及钦州市海洋环境承载力，全面实施海洋产业结构调整及改造提升工程，按照"国际区域性航运中心、北部湾集装箱干线港、临海重化工业基地、海洋现代服务业基地"的战略定位，重点发展石油化工、海洋船舶及海洋工程装备、新能源汽车制造等大型临港工业，大力发展海洋交通运输、现代物流加工、保税出口加工、海洋水产品深加工等产业，加快新兴海洋产业及涉海金融服务的培育；依托钦州茅尾内海、龙门群岛、三娘湾海域，加快海上运动、健康养生、休闲度假、旅游观光等滨海旅游业的发展。

在海洋船舶及海工装备制造方面，应加快推动钦州大型海洋工程基地项目的建设，全面提升修船能力，尽快形成新型特种船舶及大型远洋船舶的生产能力，大力发展与修造船舶相匹配的配套关联产业和零配件生产，加大发展海工装备制造产业的力度，打造国家重要的海洋船舶和海工装备

生产基地。

在海洋交通运输和港航服务方面，应重点引进大型远洋航运企业，快速提升航运能力，大力发展集装箱班轮航线，增加与东盟各国的直达外贸班轮，逐步完善港口的"水水转运""海铁联运"等业务及西南地区"无水港"的合作建设。加强"智慧港口"的建设步伐，充分利用互联网发展思维及机遇，以大数据为支撑，打造现代化的服务体系。将钦州港打造成为面向东盟的国际区域性集装箱干线港口及区域性国际物流枢纽港。

滨海旅游方面，按照全域旅游业及差异化的发展理念，提升钦州滨海旅游业的整体品质，避免与周边景区同质化，加大各景点之间的衔接及绿道建设，引进海洋文化旅游主题乐园，发展参与性强的海洋运动及体育产业，建设具有钦州特色的滨海旅游产业。以健康休闲度假为核心的海洋旅游和生态建设，应以南北两翼布局。北翼的主力区域包括滨海新城、茅尾海海域、龙门海域以及七十二泾海域，定位是海洋运动、健康养生休闲度假的基地，北部湾的重要旅游集散地，海洋生态文明的示范区，以及现代特色渔业的示范区。南翼则以三娘湾旅游度假区和相邻海域为主，定位是北部湾重要的滨海生态休闲产业基地和现代海洋渔业示范区。

五、健全平台服务以提升产业承载能力

运河沿线的城市可以通过平陆运河将货物运往钦州港，再通过钦州港进行海运输送，将货物运往国内外各地。要加快港口设施建设，特别是加快港口泊位建设及高等级航道建设，完善钦州港西港区、中港区规划，加快钦州港中、西两个港区的建设，将东港区作为预留发展区域，为未来开通平陆运河预留发展空间。同时，加快中港区、西港区及三墩作业区的铁路配套及改造，完善各疏港公路建设，尽快上马建设与港口配套的铁路集装箱办理站项目，全力打通江海铁联运的瓶颈。

六、依托平陆运河构建向海经济现代化产业体系

持续打造"一轴两翼多组团"海洋空间发展新格局。首先，优化港口运输与临港工业为主体的产业发展轴。主要覆盖中马钦州产业园区、钦州保税港区和钦州港经济技术开发区，加快建设北部湾集装箱干线港、临港重化工基地、中国-东盟合作示范基地。以中马钦州产业园区、高新技术开发区等园区建设为载体，构建海洋药物与生物制品集聚区、海洋船舶及海工装备集聚区、海洋现代服务业集聚区三大海洋产业组团，使之形成以航运服务业为核心的海洋现代服务业集聚区。①

加快推动传统海洋产业转型升级。一是应建成以犀牛角中心渔港为核心，龙门港渔港、沙角渔港为支撑的现代渔港经济区。深化海洋渔业结构战略性调整，科学优化养殖、捕捞、增殖、加工和休闲渔业等产业结构，利用养殖海域指标每三年审批一次的周期性特点，将到期回收的指标进行连片集中招标，按照建设海洋牧场的理念，引进大型企业进行规模化、标准化养殖。二是应加快发展渔业观光旅游、水族观赏、观赏鱼养殖等，建设海上游钓公园、海上休闲渔庄、海上休闲渔排、观赏鱼养殖基地，延伸海洋渔业产业链。三是应大力发展海产品精深加工，建议以大蚝系列产品加工为重点，组织钦州本土大蚝养殖户到发达地区学习，引进成功经验，将符合条件的工业园转型为海产业加工园区，培植壮大一批现代化水产品深加工龙头企业，全力打造知名品牌。

七、谋划打造向海经济集聚区

在运河经济带总体规划和论证建设阶段，利用RCEP区域价值链逐渐形成的机遇，以打造中国-东盟产业链新枢纽为抓手，积极开展引资"造链""补链"，同步谋划打造对接钦州港临港产业集群的横州-钦州向海产

---

① 尹继承.谋定而动 加快推进钦州向海经济高质量发展[N].钦州日报，2023-01-31（2）.

业集聚区，使之成为RCEP区域产业链供应链的核心环节。

打造面向东盟的国家级绿色石化产业中心，形成产值超千亿元的绿色石化产业集群。在平陆运河沿线布局关联产业配套承载区，发展石化配套装备产业，推动临港石化与钦州地域经济协同联动发展；推动石油化工、新能源汽车、特色优势农产品等跨境产业链供应链构建取得新突破。

建立一批向海特色产业园和中外合作区产业园，促使向海产业联动集聚发展。依托华谊、桐昆、恒逸、中伟等龙头企业，重点建立长江经济带产业转移合作机制。扩大与西部陆海新通道沿线城市合作，推行川桂国际产能合作产业园模式，与重庆等省份探索共建临海产业园。加快对接RCEP规则，推动RCEP成员国企业入驻广西自贸试验区钦州港片区，拓展产业链和供应链。加强国际合作，推动与海上丝绸之路沿线国家"一国一港"或"一国多港"合作建设，探索港口+配套园区"双港双园"发展模式。

八、培育创新型海洋人才队伍

利用平陆运河建设的重要契机，积极引进国家级海洋类科研院所分院分校落户钦州。支持区内外涉海高校在钦州建立涉海教学、实习和科研基地，培养高层次海洋人才。创新科研管理体制，培养、选拔海洋领域的学科带头人和技术带头人，积极向区外、海外招聘一批海洋领军人才来钦州服务，形成有一定梯度的研究团队。引进培养海洋产业发展急需的研究型、技能型等高层次人才，大力推进产学研融合发展，争取国家海洋局第四海洋研究所、广西海洋研究所等国家级、省级科研机构在钦州设立分支机构或实验基地，助力海洋经济高质量发展。大力发展职业教育，打造钦州职业教育园区，培养向海产业发展急需的创新型高技能人才。积极争取国家将钦州列入全国海洋经济发展试点城市，争取国家给予涉海财税、投融资、用海、现代产业体系、科技兴海人才支撑、开发保护、创新活力等方面更多的支持政策。

九、着力营造向海经济的外部环境

采取灵活多样的形式,加大舆论宣传力度,提升人民群众的海洋意识,为向海经济发展创造良好的外部环境。通过电视、微信、钦州发布等渠道宣传向海经济发展文化,提升人们对发展向海经济的好感度和欢迎度。打造向海经济文化建设平台,将绿色、开放、共享等海洋经济文化与传统的民族文化结合起来,提升人们的科学文化素养。通过小手册、蚝情节、打造钦州海洋文化意识教育基地等形式提升广大市民的向海经济意识,使钦州市上下形成热烈的宣传氛围,全面提高人民群众对向海经济的认识,提升其参与向海经济发展的积极性。

第六章　平陆运河与钦州多式联运体系建设研究

平陆运河作为西部陆海新通道的重要组成部分，其设计年单向通过能力为8900万吨。随着平陆运河建设进程的加速推进，钦州将很快融入国家战略"四横四纵两网"高等级航道建设体系之中，迎来了"江、海、陆、铁"多式联运的重大历史契机。建成之后，平陆运河将成为连接西江、珠江流域与北部湾港的亿吨级水运交通主动脉，海量物流将借由平陆运河流通，这无疑对构建多式联运运输体系形成挑战。

第一节　平陆运河与钦州多式联运体系建设的意义

在近年来的综合交通运输体系发展进程中，多式联运作为一种重要的运输组织形式，是综合交通运输发展到一定阶段的产物，同时也是现代物流发展水平的重要标志。多式联运不仅对推动西部陆海新通道高质量发展发挥着关键作用，更是助力区域经济更好地融入新发展格局的重要动力，正如王先进（2023）指出的那样，多式联运对于促进区域互联互通、提升物流效率具有重要意义。①

为了推动多式联运的发展，国务院有关部委陆续印发了《推进多式联运发展优化调整运输结构工作方案（2021—2025年）》《关于支持国家综合货运枢纽补链强链的通知》《推进铁水联运高质量发展行动方案（2023—2025年）》等。这些政策文件从优化运输结构、加强货运枢纽建设、推动铁水联运等多个方面，为多式联运的发展提供了有力的政策支持和引导。唐英、李斌斌（2023）认为，政策的引导对多式联运发展的促进作用显著。②

2023年12月，习近平总书记在广西考察时强调："要共建西部陆海新通道，实施一批重大交通基础设施项目，高标准、高质量建设平陆运河，高水平打造北部湾国际门户港，提高江铁海多式联运能力和自动化水平。"③ 2024年4月10日，时任广西壮族自治区党委书记刘宁深入钦州市平陆运河项目建设现场调研指出："平陆运河工程建设已经进入高峰，要提前谋划平陆运河工程建成后的物流运输组织、运河经济带建设等工作，充分利用世纪工程建设的宏大场景，引进有实力的龙头企业，打造高效江海铁联运枢纽和产业园区，统筹推进运河沿线新型城镇化建设和乡村全面振兴，更好推动高质量发展、扩大高水平开放、营造高品质生活。"④

基于上述政策导向和领导指示，钦州迎来了重要的发展机遇，因此需加快构建高效的江海铁联运服务体系，以确保平陆运河工程建成后的物流能够实现同步运输。通过该体系的构建，可使西江干流沿线地区的货物借助运河直接通向海洋，实现江海铁联运的无缝衔接，进而推动钦州多式联运体系建设水平的提升，为区域经济发展注入新的活力。

---

① 王先进.推进西部陆海新通道多式联运更高水平发展[J].中国政协，2023（24）：40-41.
② 唐英，李斌斌.综合交通运输体系下重庆铁路物流多式联运发展策略[J].铁道经济研究，2023（5）：28-32.
③ 陈贻泽，赵超，谭卓雯.项目建设大提速支撑能力大提升[N].广西日报，2023-12-16（9）.
④ 陈贻泽.刘宁深入平陆运河项目建设现场调研[EB/OL].（2024-04-10）[2025-03-10].https://www.gxnews.com.cn/staticpages/20240410/newgx6616ae3a-21486219.shtml.

一、实现西南地区内河航道与广西海运航线直接贯通

在我国西部地区的交通运输版图中，内河航运一直占据着重要地位，却也面临着很多瓶颈。广西虽拥有丰富的水资源，众多河流汇聚成西江后从广东流入南海，可北部湾港口与大江大河缺乏连接。导致"广西货""西部货"经北部湾港出海时，需通过陆路转运，成本大增，因而许多货物宁愿舍近求远从珠三角的港口出海。这一局面将因平陆运河的建成迎来巨大改变。平陆运河一旦建成，意义非凡。它将把西江航运干线与北部湾港连接起来，以最短的距离打通西江干流入海通道，实现广西5873千米内河航道网、云贵部分地区航道与海运航线直接贯通。通过左江、右江、黔江、红水河、柳江等多条支流连通贵州、云南，借助多式联运覆盖西南地区和中南部分地区，彻底解决"西部货""广西货"不愿走北部湾港的问题，把区位优势变成发展优势，同时有效解决西江航运拥挤不畅的问题。同时，规划中的湘桂运河通道将进一步连接长江中下游，让西部和中南部地区更接近北部湾港口，极大地拓展内河航运的辐射范围。

二、平陆运河和珠江水系高等级航道开发形成较好基础

2024年12月初，交通运输部会同有关部门印发的《交通物流降本提质增效行动计划》指出，一要大力推进多式联运发展，积极发展江海联运、水水中转和"散改集"，支持打造铁水联运、江海联运组织服务中心，加快构建高效顺畅的多式联运系统。二要聚焦发挥水运降本优势，实施内河水运体系联通工程，加快"四纵四横两网"国家高等级航道建设，挖掘长江、珠江等干线航道通航潜力，加快推进平陆运河建设等工作。

当前，平陆运河工程建设正加紧推进，计划2026年年底主体工程完工、具备通航条件；西江航运干线已达到Ⅱ级及以上通航标准，待南宁（牛湾）至贵港段3000吨级航道工程建设完成后，将全线建成Ⅰ级航道；右江百色枢纽通航设施已开工建设，云南水运出省通道即将打通；柳黔

江、红水河、融江、都柳江、左江等支线航道扩能升级也正在推进。未来，贵港、梧州、柳州、来宾等内河港口将凭借各自的地理优势和水路连接条件，实现与钦州内河港口的对接。

三、钦州港由区域大港向国际大港升级转变

国家支持钦州打造"国际门户港""国际枢纽海港"，这将奠定钦州港作为陆海新通道国际门户港的战略定位。平陆运河有利于港口辐射钦州后方经济腹地，促进各县区利用运河沿线自然资源和水运优势，使灵山县陆屋临港产业园、钦南区那丽产业园、钦北区平吉临港产业园等一批工业园区有效承接自贸区钦州港片区下游产业，形成有港口、有产业、有物流、有农旅、有商圈的空间布局，使港城一体化发展、自贸区片区与县区的协同发展优势得到进一步激活释放。平陆运河将成为中国–东盟贸易往来最便捷的出海通道，是沟通西江流域和东盟自贸区经济发展的桥梁和纽带。

第二节 平陆运河与钦州多式联运体系建设现状

近年来，在各方的共同努力下，西部陆海新通道多式联运取得了跨越式发展。综合交通运输连线成网，多式联运市场规模不断壮大。[①] 钦州市日渐成为西部陆海新通道的海铁联运物流枢纽，成为西部陆海新通道三条主线路的主要出海口，海铁联运以前所未有的速度加快发展。至2024年10月，西部陆海新通道海陆门户北部湾港已通达全球124个国家和地区的200多个港口，铁海联运班列累计运输货物超310万标箱，广西正加快

---

① 王先进.推进西部陆海新通道多式联运更高水平发展[J].中国政协，2023（24）：40-41.

成为面向东盟、通达全球的开放高地,钦州港位列全球100大集装箱港口第44名。

一、港口设施能级显著增强

2024年相继建成30万吨级原油码头、20万吨级海铁联运自动化集装箱码头、20万吨级散货码头和大型数字化散货堆场,北部湾港三港域均实现铁路进港。平陆运河江海联运体系加快构建,目前一批江海联运泊位项目、内河码头提级改造项目、江海直达示范船建造项目正在加快推进;海铁联运一体化取得新突破,在合署办公、作业优化、海关监管、信息实时对接等方面取得显著成效,首次实现港口与铁路系统的实时对接。西部陆海新通道班列货物可在港内便捷周转,实现出海货物"下车即上船"、陆运货物"下船即上车",海铁联运无缝衔接。

钦州港大榄坪南7号、8号集装箱自动化泊位工程通过竣工并正式运营,9号、10号集装箱泊位工程完工并通过验收,12号、13号泊位改造工程通过口岸开放验收。金鼓江19号泊位通过竣工验收,配套华谊二期正式投入运营。大榄坪1—3号泊位已完成码头主体工程施工并通过验收。北部湾大道至中马钦州产业园区道路(园区外段)续建工程项目、南港大道北段顺利通车。

二、货物运输明显增长

近年来,西部陆海新通道列车货运呈现强劲增长趋势,这主要是由于四川、重庆等地大豆、纸制品、高岭土等货物运输需求持续增加。针对这一趋势,中国铁路南宁局集团有限公司联合海关、港口、平台公司等部门和企业,充分利用港口、铁路、航线等资源优势,打造安全、高效、便捷的"陆网+海网"物流体系。通过提供一笔佣金、一笔订单到底的全程物流服务,有效降低了企业托运人的综合成本,大大提高了渠道运营效率,为来自东盟国家的再生纸浆、淀粉等货物，以及广西桂林的石材、柳州的新能源汽车零部件、重庆涪陵的酸菜等产品提供了稳定、便捷、快捷的运输通道。截至2023年3月，西部陆海新通道海铁联运班列辐射范围已增至17个省份60个市的113个站点，货物流向通达全球119个国家和地区的393个港口，运输品类由最初的几十种增加至940多种。①

2022年，中远海运完成西部陆海新通道海铁联运量12.8万标箱，同比增长32.8%，按总量8800列、44万标箱计算，市场份额达29.1%。中远海运所属钦州码头完成520.8万标箱，同比增长12.6%，占北部湾港集装箱吞吐量的74.2%，有力地支撑了港口突破700万标箱战略目标的实现。②

三、集装箱干线港能力实现新提升

2022年以来，钦州海铁联运班列范围首次拓展至中部地区、华北地区，全国首个陆路启运港退税试点政策率先在钦州港实施，首次开行钦州港至北美远洋航线，新开通"阿联酋 — 钦州 — 兰州""东南亚 — 钦州西""RCEP — 钦州 — 河南"等经钦州的6条西部陆海新通道海铁联运班列。2022年以来，新开通内外贸集装箱航线11条。钦州港现运营航线69条，其中，内贸航线27条、外贸航线42条。内贸航线可直达宁波、厦门、天津、日照、泉州、连云港、营口、锦州、海口、洋浦、南沙等国内沿海主要港口。外贸航线可直达胡志明、海防、宜山、新加坡、林查班、曼谷、马尼拉、东京、横滨、名古屋、釜山、仁川、蔚山、高雄、基隆、西哈努克、巴生、雅加达等东南亚和东北亚主要港口，以及南非和巴西。2022年，钦州港完成货物吞吐量1.74亿吨。集装箱完成540.7万标箱，其中外贸完成89万标箱。

---

① 中国国家铁路集团有限公司.2022年前7个月西部陆海新通道班列集装箱运量增长[J].铁路采购与物流，2022，17（8）：20.

② 姚亚平.向海图强 共绘陆海通道新图景[J].中国远洋海运，2023（3）：42-48.

四、港航服务综合水平持续提高

2022年，北部湾港启动实施集装箱业务"全生命周期"管理服务第三阶段集成改革，继续重点解决海铁联运各环节数据联通和共享应用问题，深入开展"降费优服提效"行动，持续推进港口提效降费工作。2023年1—3月，钦州港口岸进口整体通关时间为18.76小时，比2017年的267.44小时压缩约93%；出口整体通关时间为0.92小时，[①]比2017年的43.55小时压缩约98%，居全国海港口岸前列。钦州港进口10项、出口12项中介服务收费降到自治区指导目标。其中，理货费从16元/标箱降至9.5元/标箱。集装箱封志费、集装箱交接单费从50元/票降至19元/票。舱单录入费从215元/票降至50元/票。船方提货单换单费从500元/票降至198元/票。进口报关报检代理费从1200元/票降至300元/票，出口报关报检代理费从500元/票降至150元/票。按箱均成本计算，北部湾港口中介服务收费达到宁波港等国内一流港口收费水平，港口竞争力显著增强。

第三节 平陆运河与钦州多式联运体系建设面临的挑战

纵观西部陆海新通道海铁联运班列构成，90%以上货源来自我国西部地区。钦州与西部陆海新通道沿线城市之间的互动，受行政区划、物流距离等影响，在基础设施、产业发展、交通运输、物流布点、政策优惠等方面，还没有完全实现"一盘棋"，多节点、常态化的江海铁联运格局没有完全形成。

---

① 陆燕，黄海志.建大港，在春天里澎湃[N].钦州日报，2022-02-22（1）.

一、钦州江海铁联运服务体系基础配套设施滞后

一是钦州海铁转运过程中，钦州港各泊位之间、保税港区外围等物流交通拥堵严重，疏运体系亟待升级。港口周边无危化品公共堆场，无法满足危化品业务量逐年增长的需求。钦州港集装箱航线数量和密度不高，特别是远洋航线数量少，货源流失严重。二是船闸建设是制约西江黄金水道发展的主要瓶颈。广西山区河流的特点决定了枢纽船闸建设是提高航道等级的必然选择，如西江黄金水道大部分的枢纽船闸建设虽然基本上满足当时的航道规划标准，但随着沿江经济的发展、流域规划的调整、对航道要求等级的提高，使得船闸已明显处于落后状态。近年来，西江黄金水道中上游枢纽原有过船设施通过能力凸显不足，出现新的瓶颈，如右江金鸡滩枢纽，左江山秀枢纽等。三是钦州港与广西内河港口还没有完全连接。除少量货物采取海铁联运和公水联运外，多数干散货仍需经西江运至珠江三角洲港口进行装卸或换装后中转至目的港。

二、缺乏完善统一的港口信息服务平台

大数据、云计算、物联网、区块链、人工智能等先进技术应用不够充分，物流智能化改造和数字化物流基础设施建设进展缓慢，"信息孤岛"现象还存在。目前，自治区和钦州港片区已建的与港航物流相关的信息平台主要有广西国际贸易"单一窗口"、北港网（包括码头作业系统）、北港海铁多式联运物流服务平台等，铁路铁海联平台、海关物流平台、钦州综合保税区海关辅助管理系统。上述信息系统在各自职能或业务范围内进行建设并独立运行，有些系统虽已对接连通，但协同度较低，数据共享应用不够足，企业需在多个系统重复录入、多个系统间切换，致使出现信息数据反馈不够及时等问题。

三、港口综合物流成本仍然偏高

钦州港起步相对较晚，面临着货物收费过高的问题，这直接导致物流成本水涨船高，进而影响了钦州港原本得天独厚的地理优势，港口对货主和航运企业的吸引力与竞争力也随之减弱。值得注意的是，在通关、航运、贸易以及跨境电商等关键领域，钦州港的运营成本一直居高不下，与广州黄埔、江阴、宁波、湛江等港口相比，其费用平均高出约30%。

第四节　加强平陆运河与钦州多式联运体系建设的对策

平陆运河的建设将使钦州港迎来从海铁联运向江海联运协同转变的重大机遇。钦州将与上海等国际一流大港一道，拥有江河海等多层次发展优势，为加快建设以钦州港为龙头、内河港为支撑的平陆运河江海联运体系，实现由海铁联运向江海联运协同转变提供重要支撑。对于钦州发展物流体系建设而言，这无疑开辟了一条新的多式联运战略通道。

一、围绕平陆运河构建西南地区内河水运体系

2024年2月23日，习近平总书记主持召开中央财经委员会第四次会议。会议强调，要优化运输结构，强化"公转铁""公转水"，深化综合交通运输体系改革，形成统一高效、竞争有序的物流市场。

2024年8月16日，时任交通运输部部长李小鹏强调，交通物流是支撑现代物流发展的重要基础，加快交通物流降本提质增效，是推进降低全社会物流成本的关键所在，要把交通物流降本提质增效纳入交通强国建设

试点，加快推进内河水运体系联通工程。推动实施内河水运体系联通工程，解决内河水运发展瓶颈问题，建成横贯东西、辐射南北、陆海双向、内外畅通的现代化内河水运联通体系。总的来看，交通运输业正经历三个转变，即从重视建设向重视运输上转变、从重视公路向重视水运上转变、从重视客运向重视货运上转变。钦州应抢抓机遇，积极争取支持，充分发挥平陆运河水网联通优势，依托西南地区丰富的水网体系，向西通过右江连通云南，向北通过红水河连通贵州、通过桂江连通湖南，向东通过西江连通广东，加快实施重点航道升级和扩能工程，建设高水平内河港口设施，打造省际互联、江海联通、畅通高效的西南地区内河水运体系。

二、重构交通格局，打造航运物流通畅通道

（一）高标准建设港河通航体系

为进一步提升钦州地区交通基建水平，在桥梁建设方面，应着重对钦州主城区的桥梁进行优化改造，提升其通行能力与稳定性。同时，要全力完成平陆运河沿线内河港口的布局规划编制工作，科学合理地规划并建设运河沿线的码头及其配套设施。

在港口建设上，尽快开工建设钦州港江海联运换装作业泊位，推动港口运输方式的高效衔接。与此同时，积极启动平陆运河"智慧航运"体系的建设，大力推进"智慧港口""智慧高速""智慧铁路"以及"智慧航运"等多式联运物流信息平台的搭建，全面推动交通基础设施建设朝着智能化方向迈进。此外，还要大力推广绿色基础设施，加大新能源和清洁能源运输装备的应用力度，以此打造一条江海联运的低碳绿色大通道，在实现高效运输的同时，践行绿色发展理念。

（二）完善沿河集疏运通道体系

一是应加快实现主城区、钦州港区和三娘湾之间半小时快通，合理规

划新的交通路线，加强公交、地铁、出租车等多种交通方式的协调衔接，促进钦州市城区内外交通的有效衔接。二是应构建平陆运河与沿河产业配套的纵横交通网络。如疏港公路方面，升级改造灵山至陆屋一级公路以及浦北至陆屋二级公路，加快建成久隆经大垌、黄屋屯至茅岭一级公路，新建浦北寨圩至灵山段、沙坪至钦州一级公路，续建或新建钦州或陆屋通往玉林、贵港、湛江等周边城市的高速公路。疏港铁路方面，开展黎钦铁路站场等沿线区域交通工程的升级改造。争取自治区将南宁经钦州至北海（合浦）高速铁路、钦州经灵山浦北至玉林城际铁路、贵港至北海城际铁路、南宁经平陆运河至钦州城际铁路纳入平陆运河经济带铁路重点项目，并尽快启动建设，着力构建港、水、公、铁、空一体的平陆运河综合交通网络。

（三）提升钦北防交通一体化水平

龙门跨海大桥通车后，要加快龙门大桥经钦州港北环路至大风江大桥的沿海公路建设。铁路运输方面，应对钦州至钦州东既有铁路通道进行改造，实现城际高铁运营。此外，要推动连接滨海新城至自贸区钦州港区和三娘湾旅游区的市郊铁路尽快启动建设。未来，南宁至合浦的高速铁路要向沿海延伸，以进一步促进沿海地区与北部湾城际铁路网的无缝融合。航空运输方面，要努力推进钦州北部湾国际机场的建设，积极争取自治区尽快启动灵山通用机场等重大工程的前期工作。

三、建设平陆运河钦州多式联运中心和皇马集装箱中心站

（一）打造钦州市江海铁多式联运中心

平陆运河将于2026年建成，江海铁联运作业区核心区在钦州港，钦州将由此成为陆海新通道沿线唯一的江海铁运输方式的汇集地。因此，在已有的海铁联运系统的基础上，应争取国家、自治区支持建设西部陆海新

通道钦州江铁海多式联运中心，使之成为西部陆海新通道运营和组织的新平台，推进构建协同高效的"海河铁公管"多式联运体系，探索推动平陆运河沿线各港口、海关、航运、物流一体化改革，建立"水水直联、多港互动、运河承接、片区装卸"的联动模式。争取加快启动建设钦州20万吨级集装箱双向航道、20万吨级自动化集装箱码头、10万吨级以上散货杂货泊位，钦州铁路集装箱中心站二期、平陆运河江海铁换装作业区等项目，尤其是补齐煤炭、矿石、化工品等专业散货码头短板，提升钦州江海铁多式联运服务的"硬实力"。

（二）规划建设综合物流枢纽

建议钦州市规划建设北部湾海铁联运皇马现代物流综合园、钦北龙湾（皇马）综合物流中心、陆海新通道（钦州）国际集装箱分拨中心及中国—东盟海铁联运钦州转运中心，有效衔接《平陆运河经济带总体规划》，汇聚各地通过陆路、水路、铁路等来钦州的巨大物流，为进一步开发集装箱江海铁联运产品，推进大宗散货江海铁联运服务，强化铁水联运功能，全面提升全程物流效率奠定基础。

（三）积极发挥原皇马编组站的功能

原皇马编组站是因修建南防铁路（南宁至防城港）而设，后修建的黎钦铁路（黎塘—钦州）也在此接轨。该站距南宁站约120千米，距钦州港东站约50千米，距防城港站约62千米，距北海港站约110千米。因此，应积极发挥该编组站的功能，具体办理南宁南、黎塘、钦州港、北海港、防城港方向货运列车的接发、解体和编组等工作。同时，可在皇马编组站旁规划布局集装箱办理站，充分利用编组站的基础设施、设备、信息传输及专业人员等条件，达到资源共享的最大化。

（四）引导集装箱产业集聚发展

集装箱作为具有一定强度、刚度和规格，能装载包装或无包装货进行运输，并便于用机械设备进行装卸搬运的一种成组工具，其种类繁多，按用途可分为干货集装箱、散货集装箱、液体集装箱、冷藏集装箱及特种专用集装箱；按材质可分为钢质集装箱、铝合金集装箱、玻璃钢质集装箱等。集装箱业产业链较长，其产业链上游为原材料环节，主要包括钢材、合金、玻璃钢、木材、涂料等原材料；中游为集装箱生产供应环节，主要包括干货集装箱、散货集装箱、液体集装箱、冷藏集装箱及特种专用集装箱；下游应用于各类物流运输环节。牵涉产业包括集装箱生产及租赁、合金加工、木材加工、涂料生产加工、装卸机械制造及租赁等制造加工，以及装箱拆箱服务业和集装箱维修、回收、搬运等服务业。综合考虑区位、用地、基础设施、环境保护等条件，钦北区皇马工业园较适合上述产业的落户，应加强这方面的招商引资。

四、加快建设港口型国家物流枢纽功能体系

（一）全面建设有效支撑国际门户港的港航基础设施体系

围绕打造"效率最高、服务最优、成本最低"的国际陆海贸易新通道，加快推进陆路、海路、信息等重大基础设施项目建设。一是码头方面。在优化原有港口泊位功能的基础上，推动开工建设大榄坪南作业区15—18号集装箱泊位、大环作业区17—22号多用途泊位，形成集装箱码头、散杂货码头、滚装码头等合理分工的港口功能布局，力争尽快达到港口通过能力2.5亿吨、集装箱通过能力750万标箱。二是航道方面。加快完成钦州港30吨级主航道、30万吨级支航道、金鼓江航道疏浚工程及金鼓江作业区19号泊位配套进港航道工程，开工钦州20万吨级集装箱航道建设、钦州港西航道扩建工程。完善多式联运体系，加快推进钦州铁路集装箱中心站二期等项目前期工作，确保重庆、成都、贵阳、昆明至钦州港等海铁联运班列主干线路"天天班"运营。

（二）推进港口服务提质增效

全面推行集装箱"信息全流程共享、物流全过程跟踪、成本全周期管控"全生命周期管理服务模式，探索实施西部陆海新通道启运港退税、中马"两国双园""两国一检"贸易便利化、中马两国"安全智能贸易航线计划"等国际陆海联运服务试点，吸引更多货物集聚钦州港。一是海铁联运方面。加快推进港站一体化改革体系，实现场站与港口码头无缝衔接，上线海铁联运集疏运平台，提升钦州铁路集装箱中心站和码头的运转效率。建成运营钦州铁路集装箱中心站"北粮南运"区域转运中心，加快推进钦州铁路集装箱中心站二期前期工作。推进钦州东至三墩铁路前期工作。二是物流基地方面。稳步推进钦州港口道路危险化学品专用停车场和金谷江作业区专用停车场建设，有效解决危险车辆停放问题，提高港口安全。运营中谷钦州集装箱多式联运物流基地，争取中远海运钦州保税港区物流园区开工建设，加快推进中储粮粮食仓储物流、厦门建发粮油加工及粮食中转基地等项目。探索建立中大型公共综合冷库，进一步节约企业经营成本。三是港航服务方面。加快实施集装箱业务"全生命周期"管理服务第三阶段集成改革，深化海铁联运各环节数据联通和共享应用，实现集装箱全环节实时监测，构建跨境集装箱物流全链条服务闭环管理，建立"水水中转、互为干支"的港航物流服务模式。加快筹建和设立陆海新通道运营中心，尽快实现项目化运营。四是互联互通方面。积极开展与我国湛江、海南以及越南海防等周边港口水水转运合作，加快打造北部湾国际集装箱转运中心。依托中国—东盟港口城市合作网络平台，发挥中方秘书处的沟通联系作用，推动更多的东盟国家港口加入合作网络，在港口运营管理、通关便利化等领域强化交流合作，不断扩大海上互联互通朋友圈。

（三）提高物流信息化水平

进一步集成、完善海关辅助系统、北港网、港航物流信息平台等现有港区物流信息平台的功能，推动"单一窗口"升级建设，提高贸易便利化水平。加快推进物流园区信息化建设，提升物流企业信息技术应用水平并在此基础上通过打破部门界限整合铁路、公路、水路、民航、邮政、海关等信息资源，推动港区内各类物流要素汇聚，建设集物流政务协作、物流商贸服务、物流金融服务、增值信息服务等于一体，有品牌影响力的跨区域、跨行业、跨应用的跨界平台，推动物流服务信息资源的整合与一站式服务，推进实现物流全程透明、高效、畅通与智慧化信息应用，形成具有"信息广泛互联、资源优化配置、业务协同联动"的物流新业态和新模式，促进物流信息与公共服务信息的有效对接，为物流企业、政府机构、中介服务机构提供全面、及时、精准的信息服务，实现数据共用、资源共享、信息共通。

协调加强江铁海联运业务保障机制。海关、船公司、港口、铁路等联运主体的有效合作，是江铁海联运发展至关重要的"软"实力。推动江海铁联运向纵深发展，建议可着力推进"业务三通"，即信息联通、集装箱通用、管理标准通用。同时，国家层面应构建江铁海联运信息共享平台，完善铁路与港口电子数据交换，在实现路港信息数据互联互通的基础上，逐步引入海关、船公司等各方信息，建立全供应链统一的货物装卸运输管理标准，全面打通信息数据通道，搭建互惠共赢的开放平台，促进江铁海联运发展。

深化与内陆腹地货源企业的对接合作。派驻专员到西部陆海新通道沿线城市进行接洽，挖掘货源，引导冷链物流供应链骨干企业与生产制造、国际贸易等企业组成战略联盟，并与西部陆海新通道沿线枢纽货运站场、物流园、铁路物流基地加强战略合作，鼓励交通运输行业协会搭建服务面更广、业务量更大的企业合作、政企合作互动平台，加强多种形式的业务协作。

（四）推进物流标准体系和集疏运体系建设

加强通用标准衔接，积极推动托盘、集装箱、各种物流装卸设施、条形码等通用性较强的物流标准和装备的应用推广。鼓励物流企业、行业协会、研究机构等参与物流业标准体系建设，推动采用国际标准，探索建立食品冷链物流运输车辆的标准，促进区域间各种物流技术标准和服务规范标准协调一致。

完善重要物流节点集疏运体系。在国家现代物流体系建设中，南宁被确定为国家物流节点城市，北海、防城港、钦州、崇左被定位为区域物流节点城市。为实现高效便捷的物流服务，需要推进各种运输方式的有效衔接，重点完善沿海港口的铁水联运系统，特别是加强煤炭、矿石、集装箱等专业运输系统的建设，同时应注意港口与后方路网的匹配，以进一步提高物流节点的多式联运水平，从而提高综合运输效率。此外，要以自贸区钦州港区为龙头，以自贸区南宁片区为核心，以凭祥综合保税区、北海出口加工区为重要支撑，加快保税物流体系建设。

（五）夯实交通物流基础，提升港城经济走廊通道能力

构建高效便捷的综合交通网络。加快城市交通基础设施建设，重点打通白石湖、茶山江片区至沙井岛片区的城市主干道路，提升新城集聚和辐射带动能力。加快建成北部湾大道至马莱大道延长线、环北路（一期）等交通干道，开工建设环北路（二期）、钦锦大道、钦海大道等一批市政道路和桥梁，打造市、港快速联通交通干道。[1] 加快研究落实钦州港专用疏港货运通道，继续完善海铁联运设施如铁路集装箱中心站二期工程、钦州东至钦州港铁路增建二线、钦州东至三墩铁路支线的建设，完善钦州港片区疏港交通体系，尽快解决道路客货混用问题，进一步提升广西海铁联运能力。主动对接自治区交通运输部门，加快推动沙坪、陆屋、平吉、龙湾、久隆等内河港作业区的落实建设，争取将一批铁路、公路、机场、集疏运等重点交通项目纳入自治区《平陆运河经济带总体规划》，推动构建以平陆运河为主轴的海、江、公、铁、空一体的综合交通网络体系。

加快建设千万标箱国际门户港。加快钦州港大榄坪港区自动化集装箱

---

[1] 卿江平.向海图强逐浪高[N].钦州日报，2022-01-29（1）.

码头建设，完善散货、车辆滚装运输功能，打造北部湾国际集装箱干线港核心区。加快完善煤炭、原油、成品油和其他各类液体化工品运输功能，为石化和化工新材料产业集群发展提供支撑。加快北部湾港公共基础设施体系建设，加强锚地及防波堤工程建设。建设沟通中西部地区江海联运中心，及早谋划平陆运河与枢纽港建设的融合，规划内河运输体系，为未来枢纽港的建设做好预留。积极拓展中亚中欧基地，扩大"一箱到底"覆盖面，建成覆盖面大的集装箱还箱点网络。

打造国际港航物流枢纽。建设西南地区的内贸集装箱中心，推动集装箱适箱货物产业发展，拓展沿海内贸航线和内支线集装箱班轮。建设冷链物流中心，打造内陆中国-东盟海铁联运钦州转运中心，扩大内腹区物流，依托保税港区及生鲜水果优势，大力发展海运冷链物流。建设大宗物资中转交易中心，以原油、粮食为重点货类，打造集现货电子交易、仓储物流、大数据共享于一体的综合性大宗商品交易和服务平台。建设面向东南亚的北部湾国际港航服务集聚区，重点发展总部经济、港航服务业。

第七章　平陆运河与钦州乡村振兴示范带研究

平陆运河是新时代壮美广西建设的重大工程、谱写中国式现代化广西篇章的标志工程、西部陆海新通道建设的骨干工程，是新时代推进当地乡村振兴的重要载体。2017年10月，党的十九大报告提出实施乡村振兴战略，此后的党的十九届五中全会将全体人民共同富裕取得更明显实质性进展确立为2035年基本实现社会主义现代化的远景目标之一。党的二十大报告提出："全面推进乡村振兴。加快建设农业强国，扎实推动乡村产业、人才、文化、生态、组织振兴。"

第一节　平陆运河钦州乡村振兴示范带现状

平陆运河途经钦州市灵山县20个乡镇（街道），其中有约350个自然村分布在平陆运河沿线范围内。乡村振兴是平陆运河建设过程中不可忽视的重要领域，平陆运河途经钦州市广阔的乡村地区，将对沿线的20个乡镇（街道）产生重要影响。运河涉及钦州3296户、15090人，用地总面积8428.45平方千米，搬迁房屋796400平方米，由此衍生出土地征收、房屋征拆、村庄搬迁、河道清淤、土方运输、旅游资源开发、码头建设、农业产业调整等工程，出现农业人口转移、失地人口增收、产业布局调整等新课题，对钦州构建新型城乡融合发展模式具有深远影响。①

2023年8月，广西钦州市提出要结合规划建设平陆运河经济带，加强平陆运河沿线乡村振兴带谋划，坚持长短结合，统筹当前和长远，推进乡村振兴和运河建设融合发展，成立了钦州市平陆运河乡村振兴示范带建设工作专班，拉开了新时代平陆运河乡村振兴示范带建设的大幕。② 对广西钦州市而言，依托平陆运河建设乡村振兴示范带，是落实中央有关精神的重要抓手，是平陆运河通江达海功能红利释放、区域产业重构的钦州实践及综合价值拓展的钦州方案，也是广西钦州市建设滨海运河城市、宜居宜业和美乡村的示范工程。③

一、县域经济有发展基础

从GDP数值来看，2022年度钦州市的灵山县、钦南区和钦北区均位列广西百强榜第一梯队，其中，灵山县以361.44亿元列第22位，钦南区以382.28亿元列第18位，钦北区以400.08亿元列第15位。从《中国西部地区县域发展监测报告2022》来看，灵山县是广西6个西部百强县之一。因此，钦州市拥有打造乡村振兴示范带的县域经济基础。④

---

① 左科举，尹继承，黎彩凤，等.共同富裕背景下创新"联农带农"机制推进平陆运河沿线农民增收路径研究[J].内蒙古科技与经济，2023（21）：30-34.

② 中国共产党钦州市第六届委员会.中国共产党钦州市第六届委员会第七次全体会议公报[N].钦州日报，2023-08-26（1）.

③ 左科举，黄光耀，尹继承.共同富裕视域下的平陆运河乡村振兴示范带建设路径[J].广西糖业，2024，44（5）：408-412.

④ 现代化网.新华社：《中国西部地区县域发展监测报告2022》发布[EB/OL].（2022-11-10）[2025-03-04].http://100ctt.cn/NewsDetail.aspx?id=523.

二、农业产业有发展潜力

从钦州市财政局发布的信息来看，2023年钦州市农林牧渔业年总产值达561.44亿元，总量排名居广西第4位，同比增长4.85%；打造了水果、渔业、畜禽和林业等4个百亿元产业；灵山县、钦南区和钦北区的农林牧渔业总产值均超过百亿元；运河沿线拥有1个国家级产业强镇、2个国家级特色农产品优势区、3个中国农产品区域公用品牌、10个"广西好嘢"农业品牌和一批绿色食品A级产品认证。此外，钦州市还立足实际，规划了一批高标准农田项目、数字化奶水牛项目、大蚝标准化养殖示范基地项目、冷链物流仓储项目和特色苗木基地项目，发展后劲十足。

三、农民收入有上升空间

乡村振兴示范带的核心是收入。农业农村工作，增加农民收入是关键。2022年钦州市农村居民人均可支配收入达18081.00元，较2012年增长153.0%，城乡居民收入比从2012年的3.02降至2022年的2.27。其中，灵山县农村居民人均可支配收入为17981.00元，钦南区农村居民人均可支配收入为18740.00元，钦北区农村居民人均可支配收入为18060.00元。

四、乡村建设有秩序

乡村振兴示范带，主要体现在基础设施的提升和公共物品的供给。从农业农村有效投资情况来看，2022年度钦州市完成231亿元投资，推动612个农村项目落地，其中，256个项目是改善农村环境、提升基础设施和公共服务质量，涉及资金81.58亿元，占钦州市农业农村有效投资的35.28%，高于全广西平均值4.0%（绝对值）；实施乡村振兴产业发展基础设施公共服务能力提升3年攻坚行动方案项目79个，获广西乡村振兴补助资金3.88亿元，同比增长11.5%，撬动社会资本投资82.67亿元；钦州市农村卫生厕所普及率达95.5%，高于全广西平均水平，95.0%以上行政村的生活垃圾得到有效处理；平陆运河沿线村庄基础设施得到一定改善。

五、乡村治理有成效

治理有效是乡村振兴的重要保障，近年来平陆运河沿线乡镇深入推进乡村治理和平安乡村建设，加强基层组织建设，健全党领导的自治、法治和德治乡村治理体系，不断筑牢乡村治理根基。其中，灵山县、钦南区和钦北区共有6个全国民主法治示范村；沿线乡镇传承着跳岭头、壮族山歌和壮族斑鸠舞等非物质文化遗产；钦北区推行"组团会队"乡村治理模式，构建共建共治共享治理格局，打通乡村基层治理的"神经末梢"，连续16年荣获平安县（区）称号，群众获得感、幸福感和安全感明显提升。[1]

六、以工代赈有"新路子"

随着平陆运河的开工建设，沿线农民对参与平陆运河建设及拓宽增收渠道的期望日益迫切。平陆运河工程是国家重点水利工程项目，也是推广以工代赈国家重点工程清单项目。钦州灵山县以平陆运河项目建设为平台，探索"平陆务工"新模式，走出了一条以工代赈带动当地群众就近就业增收，激发群众内生动力的"新路子"。具体讲，就是建立了"三个以工代赈工作制度"。一是建立工作管理制度。出台《灵山县在西部陆海新通道（平陆）运河工程中大力实施以工代赈促进群众就业增收的实施方案》。二是建立政策解读制度。面向运河沿线群众发放"平陆运河务工"以工代赈政策解读及务工指南，强化政策宣传。三是建立闭环监管制度。建立平陆运河项目（灵山段）群众务工、劳务报酬发放两份台账和劳务报酬核发监督制度。截至2024年9月，平陆运河项目灵山段以工代赈劳动力

---

[1] 左科举，黄光耀，尹继承.共同富裕视域下的平陆运河乡村振兴示范带建设路径[J].广西糖业，2024，44（5）：408-412.

信息库收录劳动力4135人,其中脱贫劳动力196人;用工单位岗位信息库汇集岗位资源2126个,就业服务站就业群众3532人。平陆运河项目累计解决当地群众就近就业1100余人,人均收入5000元。[①]

第二节 平陆运河钦州乡村振兴示范带面临的机遇

一、平陆运河建设为钦州带来明显的乡村社会效益

平陆运河建设为钦州乡村振兴带来了巨大的推动力。据相关资料显示,平陆运河的建设将为沿线农村约65万亩农田提供用水保障,将极大地提升沿线灌区的质量,从而提高农业的比较效益。此外,通过对运河开挖出来的土石方的综合利用,预计可以新增8.36平方千米的耕地,这将更进一步巩固我国的粮食安全基础。[②] 可以说,平陆运河建设助力乡村振兴,提升广西农业生产力,不仅为农村地区提供实质性的帮助,也将为广西的农业发展作出重要贡献,对于推动农村发展和保障粮食安全具有深远意义。并且,平陆运河建设能够扩大有效投资,带动农村剩余劳动力就业,为民生提供有力保障;同时还可以提升沿线城镇的防洪能力,有效缓解城乡区域防洪压力。

二、推动运河沿线建设新型乡镇

平陆运河不仅能发挥航道运输功能,同时也有助于推动运河新城镇的

[①] 黄有学,陈妮."赈"出效益 惠及民生:灵山县首创"平陆务工"以工代赈方式促进当地群众就业增收[N].钦州日报,2024-09-24(1).

[②] 矫阳,刘昊.西部陆海新通道骨干工程平陆运河开工建设[N].科技日报,2022-08-29(2).

形成，成为助力乡村振兴的幸福运河。一是平陆运河通过人口与产业集聚，推动沿线新城镇发展。六景、沙坪、新福、陆屋等乡镇凭借地处平陆运河沿线优势，可发展成为30万以上人口规模的大镇，为北部湾城市群的建设奠定基础。[1] 二是平陆运河建设将会推动形成新农村社区。平陆运河周边乡村地区面积广阔，人口分布较为分散，难以形成社区化生活方式，乡村公共服务难以全面覆盖，而平陆运河建设征地会带来居民统一搬迁安置，从而推动乡村人口的聚集，直接形成乡村新社区，方便各项公共服务的覆盖，改善居民生活质量。同时，平陆运河建设将促进居民收入增加。平陆运河会形成显著的产业聚集效应，带给运河沿线居民更多的就业岗位，提升周边乡村居民的就业率，拓宽乡村居民的就业渠道，增加其收入。

三、推动城镇规划提升

随着平陆运河建设的深入推进，钦州市沿线的陆屋、沙坪、旧州等城镇的规划将进一步推进，从而推动产城融合发展，加速当地的城镇化进程，促进农村居民向城镇集聚，农村产业向城镇靠拢，进而推动城乡一体化发展。据权威部门统计，涉及城镇建设规划总开发区域约34.23平方千米，集中建设区约25.06平方千米。其中，陆屋镇被重点打造成平陆运河经济带副中心城市，镇区集中建设区面积约15.83平方千米，新城区规划8平方千米，结合临港产业发展布局，促进区域性人口、产业和商贸物流集聚发展。沙坪镇镇区集中建设区面积约2.32平方千米，规划为综合交通枢纽型城镇。旧州镇重点打造商贸旅游型城镇，镇区集中建设区面积约1.41平方千米。此外，平陆运河建设还可以辐射带动太平、烟墩、三隆、那隆等城镇的发展。

---

[1] 侯名芬.高质量推进西部陆海新通道骨干工程：平陆运河建设研究[J].市场论坛，2022（9）：8–12，43.

四、平陆运河助推乡村产业升级

一是便捷的交通运输，可扩大农产品外销渠道。平陆运河沿线乡镇主要以农业为主，农产品销售"时效性"比较强、储藏保鲜难度大，这些农产品存放时间越长，价值就越会降低。平陆运河的建设，可为沿线村庄提供交通运输服务，往北可以直达广西首府南宁，往南直通钦州出海口和东南亚国家。高效的水上交通系统将大幅提升沿线镇村农产品的运输效率，推动沿线地区的农产品销往更大市场。二是优化沿线产业结构。目前，平陆运河沿线村庄产业结构比较单一。而随着平陆运河的建设，未来可在运河沿线布局不同特色的创意产业聚集区，结合商务旅游及创意产品集散地模式，促进村庄现有产业与文化创意产业、旅游业等第三产业结合，进而实现村庄产业结构的优化。[①]

第三节 平陆运河钦州乡村振兴示范带面临的挑战

经过多年的推进，平陆运河周边县（区）乡村振兴工作取得明显成效，但乡村振兴是一个系统复杂的长期过程，不可能一蹴而就。

一、平陆运河乡村振兴示范带相关规划系统性有待提升

从现实来看，平陆运河规划建设单位相互之间协作较少，彼此的规划设计衔接性不够，缺乏整体性思考，与沿线市（县）的规划和农民的期盼有一定偏差，如村庄建设布局不够整齐，农村建房规划引导不够，住房朝向、大小、高矮不一，与周边居民住房、村容村貌不够协调。此外，平陆

---

① 曹梦卉.运河遗产廊道与沿线村庄发展策略研究：以大运河洛阳段及二里头村为例[D].郑州：郑州大学，2021：78.

运河沿线各乡镇在产业布局方面缺乏系统性谋划，一些区域功能定位仍不够明确、产业布局不够合理、岸线资源缺乏统一规划，临港临河产业发展优势没有得到充分发挥。同时，一些乡镇缺乏空间规划指标及林地指标等，部分产业项目短时难以落地。而且，乡村建设用地集约程度较低，土地流转和征地拆迁面临困难。

二、平陆运河乡村振兴示范带以工代赈覆盖面不够广

以工代赈是带动农民增收的最直接方式。回看平陆运河施工图，马道枢纽、企石枢纽和青年枢纽三大枢纽均在钦州境内。据不完全统计，截至2023年8月25日，平陆运河项目累计完成投资158.9亿元，惠及32家施工单位及19家监理、监测、检测单位和10000名建设者，现场施工设备达3300台（套），累计开挖3.39亿土石方，但平陆运河工程自开工以来吸收村级集体经济组织、本地企业、本地农民参与建设和土石方开挖的人数不足参与总人数的10.0%。[1] 由此可见，当前平陆运河项目以工代赈覆盖面较窄，推动乡村振兴示范带农民增收不太明显。

三、平陆运河钦州乡村振兴示范带全产业链延伸不够足

平陆运河乡村振兴示范带肩负着示范带动作用，需以点带面，形成示范带动效应，使农民依靠土地发展产业，获得收入，但从目前来看，平陆运河沿线农业产业化水平还不够高、产业链还不够长、产品品牌效应还不够强，主要表现为：种植和养殖仍多为传统方式，在水稻工厂化育种、果苗数字化生产、甘蔗机械化作业、蔬菜设施化生产和节水喷灌等方面尚有不足；一产向后延伸不足，农产品多以供应原材料为主，产业链较短，附加值较低，从产地到餐桌的链条不健全；"互联网+"农业产业融合不够，

---

[1] 左科举,黄光耀,尹继承.共同富裕视域下的平陆运河乡村振兴示范带建设路径[J].广西糖业，2024,44（5）：408-412.

农业与旅游、教育、文化、健康和观光等多业态融合深度不够。

四、平陆运河乡村振兴示范带"土特产"叫得不够响

推进乡村振兴示范带需要从平陆运河沿线农民收入入手。农产品也是商品，需要靠品质品牌溢价获得高收入。平陆运河乡村振兴示范带拥有众多农产品地理标志产品和农产品区域公用品牌，但在行业内品牌影响力较弱，产品辨识度不高，价格与市场同类型产品无太大差别。如"钦州大蚝""钦州荔枝""灵山绿茶""灵山香鸡""钦北黑叶荔枝""钦蜜9号"等土特产很受本地市场欢迎，但与横州茉莉花、福建琯溪蜜柚、梧州六堡茶、宁夏枸杞、阳澄湖大闸蟹、五常大米和烟台苹果等品牌相比，全国知名度不足，产品缺乏议价权和定价权。①

第四节 加强平陆运河钦州乡村振兴示范带建设的对策

党的二十大报告提出全面推进乡村振兴。运河本身所具备的区域线性空间要素特征，可成为乡村甚至地区整体发展的生长轴线和连接纽带。历史上，运河经过城乡区域时，促进了沿线城、镇、村的共同发展。立足钦州实际，要抢抓世纪工程建设机遇，统筹规划和分类施策，高质量打造平陆运河乡村振兴示范带样板。在此背景之下，有计划地推进平陆运河沿线城乡统筹协调发展，尽快缩小城乡差距，满足人民对美好生活的需要，就

---

① 左科举,黄光耀,尹继承.共同富裕视域下的平陆运河乡村振兴示范带建设路径[J].广西糖业,2024,44（5）：408-412.

成为乡村振兴发展的重要阶段性目标。[①]

一、成立政策研究专班，统筹平陆运河乡村振兴"规、建、管"

实施乡村振兴战略、推进共同富裕是一项系统工程，需统筹兼顾、系统谋划、整体推进和分步实施。建议钦州市有关部门联合设立平陆运河乡村振兴政策研究专班，建立工作会商机制，负责从顶层设计、政策支持、项目统筹和红线把控等多方面推动政策落地，借鉴市内外的典型经验，一体设计并系统推进平陆运河经济带、平陆运河文旅带、平陆运河农业产业带、平陆运河灌区和平陆运河乡村建设等规划，实现多图合一，分类推进产业、景观和文旅项目融合。同时，出台配套政策，推行工程全生命周期管理，从制度上压实项目设计单位职责，在规划中落实以工代赈项目，明确小微项目的建设主体和管护主体，让村级集体经济组织和村级资产管理公司以工代赈主体带着责任参与规划和建设，负责后期管护。[②]

二、科学规划，妥善安置沿线搬迁农民

（一）推动平陆运河建设与乡村振兴有效衔接

平陆运河建设是一项系统性工程，需要立足全局，与周边乡村规划相衔接。一方面要设施联通，完善运河周边路网规划，实现周边乡村与运河交通的互联互通，这是乡村融入运河发展的基础之一。另一方面，要因地制宜，合理规划平陆运河沿线产业布局，根据村庄的资源特色、区位优势等合理布局运河配套产业，实现乡村资源的有效开发与利用。

---

① 曹梦卉.运河遗产廊道与沿线村庄发展策略研究：以大运河洛阳段及二里头村为例[D].郑州：郑州大学，2021：3.

② 左科举，黄光耀，尹继承.共同富裕视域下的平陆运河乡村振兴示范带建设路径[J].广西糖业，2024，44（5）：408-412.

（二）从提升人民幸福感角度做好沿线移民安置

平陆运河永久性占地面积达到27.4平方千米，乡村移民、城镇移民较多，仅马道枢纽就需移民95户400余人，钦州市区移民超过万人。为此，一是要充分考虑移民的意愿，通过就地移民、城镇集中安置、创建移民新村等多种方式，提升移民的生活幸福感。二是移民新村则要考虑就业、居住、教育、生活等方面的需要，在提高集约效益的同时提升移民的幸福感。

（三）重视生态，形成可持续的生态保护和监测机制

平陆运河作为大型工程，动工规模大，对周边植被、水系、动物活动等都会产生较大的影响。应组建长期的平陆运河生态监测小组，在运河建设期监督相关措施的落实，减少环境破坏，实时监测周边生态变化，对可能出现的环境问题进行有效预防。在运河建设完成后，切实推进生态恢复工作，对沿河生态实行可持续的动态监控，保障运河生态的可持续发展，打造"绿色运河"。

三、以平陆运河建设为契机，推动城乡融合发展

自2019年获列为广西首个自治区级城乡融合发展试验区和自治区级城乡融合发展集成改革试点后，钦州城乡融合发展试验区已形成一套可推广、可复制的模式，以建设平陆运河为契机，加快了在平陆运河沿线的城乡融合建设。

（一）统筹城乡融合发展，破解发展不平衡不充分问题

城乡融合发展是解决城乡发展不平衡和农村发展不充分的重要途

径[1]。推进平陆运河乡村振兴示范带建设需运用改革思维，以融合发展理念推进农村基础设施提质和人居环境整治提升工程。建议行业主管部门联合平陆运河集团有限公司和广西钦州乡村振兴投资发展集团有限公司设立平陆运河城乡融合发展工匠培育中心，通过学习实践平陆运河工程的设计理念，提升工匠在生态保护、生产理念、生活水平和生命价值等方面的认识，培育一批有理论、有实践、懂农业、爱农村和会工程的城乡融合型乡村工匠；应创新运用浙江"千万工程"经验，转变以农户为单位的乡村建设思路，将更多资源和资金投入农村公用设施建设，通过"多规合一"编制实用性村庄规划，部署一批村镇雨污分流管网、污水处理管网、5G基站、集中供气管网和新能源充电桩项目等公共物品，储备一批运河学校、运河社区医疗服务中心和运河康养中心；融入城市建设理念，实施一批运河自行车绿道、运河健康跑道、运河驿站、运河文化馆和运河微公园项目，逐步缩小城乡间教育、医疗和养老等公共服务差距，提升乡村基础设施完备度、公共服务便利度和人居环境舒适度，推进钦州市宜居宜业和美乡村建设，让平陆运河沿线农村像城市更像公园，让农民就地过上现代文明生活。

（二）加快推进城乡融合试验区建设

加快建设广西钦州城乡融合发展试验区，打破城乡要素流通的障碍、制度体制上的堵点，完善生活圈、商住圈等配套，发挥地方特色及劳动力密集等比较优势，大力发展县域经济，增强县镇服务农村、工业服务农业发展的功能，培育一批现代特色农业示范园、田园综合体，推动农民在家门口就业、就近就业、构建工农互促、城乡互补、协调发展、共同繁荣的新型工农城乡关系，引导农村群众往城镇聚集居住，推动宅基地有效流转。

---

[1] 齐心，陈珏颖，刘合光.以新发展理念推进城乡融合发展：逻辑与路径[J].经济社会体制比较，2023（2）：14-23.

（三）实施以工代赈项目，夯实钦州乡村振兴示范带的物质基础

建议发改部门制定以工代赈项目清单，明确村级集体经济组织、脱贫村、脱贫户、联农带农的实施主体可参与房屋征拆、河道清淤、土方转运、设备维修、后勤服务、绿化工程和附属工程等，争创中央和自治区以工代赈乡村振兴示范带试验区。人社部门和乡村振兴部门应建立平陆运河乡村振兴示范带农村劳动人口就业需求动态监测机制，并在平陆运河工程中分类设置就业帮扶岗位、就业技能岗位和就业后勤岗位等，主动引导有就业需求的脱贫户参与平陆运河建设，通过劳动实现增收致富。农业农村部门和财政部门应在强农惠农政策上支持在平陆运河沿线高标准农田建设、五小水利工程和人居环境建设等项目中实施以工代赈项目，在准入机制和资金门槛上优化设置，扩大农业农村有效投资，打造平陆运河乡村振兴共富示范区。

四、实施强链延链工程，增强打造乡村振兴示范带的内生动力

打造平陆运河乡村振兴示范带应做好农业产业培育和产业升级衔接，发挥运河沿线地区在生态环境、绿色发展和特色农产品等方面的优势，谋划推进一批数字化和智能化项目，建立一批设施农业基地、供粤港澳大湾区农产品基地、苗木电商总部基地、奶水牛数字化运营基地和农产品冷链物流数字仓。建议行业主管部门联合高校设立平陆运河乡村振兴实践基地，培育一批农业生产经营人才、农业农村科技人才及农村二产和三产发展人才，延长加工产业链条，将农业资源和科技优势转化成产业优势，培育具有行业带动能力、市场话语权和先进生产加工工艺的龙头企业；以工业化理念完善上下游链条，培育一批一产上游"种子科技"公司，部署工厂化水稻集中育秧中心、谋划种质资源保护区；培育一批一产数字化植保服务公司，打造一批"数字田"，推进机播机种机收全程数字化溯源管理

标准化基地建设；扶持一批二产"加工企业"和预制菜企业，实现鲜活农产品进农贸市场和加工农产品进商超；实施"运河+""农垦+"工程，推进平陆运河沿线产业提质增效，打响运河粮油、运河果蔬、运河水产、运河畜禽、运河蔗糖和运河中药材等的升级战；搭建"农业全产业链数据管理平台"，提升产量预测、市场分析、政策评估、物流监测、消费监测、病虫害预警和舆情分析能力，让农民看到运河农业的奔头，主动参与到乡村产业升级中。

五、发挥基层党组织在运河沿线乡村振兴中的引领作用

（一）建立多层次沟通协调机制

平陆运河涉及多个行政区域，需构建多层次沟通协调机制，因此应充分发挥基层党组织的作用，牵头建立镇级会商小组、部门联席会议、平陆运河联动开发小组等多层面协调机制，实现有效合作协调，保障平陆运河建设有序开展，实现周边乡村发展共同利益的最大化。同时，党员干部应充分发挥先锋模范作用，带领乡村居民积极支持、参与运河建设。

（二）建立全领域党建联盟

坚持把平陆运河各领域党建作为一个整体来谋划和推动，学习借鉴杭州市组建"大运河沿岸城市党建联盟"模式，组建平陆运河经济带沿线党建联盟。建立南宁市、钦州市及沿线横州市、灵山县、钦北区和钦南区等共同参与的运河经济带党建联席会议制度，推行大事共议、实事共办、要事共决、急事共商、民事共调、难事共解的工作制度，逐步构建全域统筹、多方联动、集群发力、共建共享的工作格局。坚持市、镇、村三级联动，对照平陆运河资源禀赋、功能定位等，引导建立产业融合、区域融合等多种类型全领域的党建联盟，做到全域覆盖、不漏一村。

（三）统筹谋划布局，激发党建活力

坚持以平陆运河为轴，同步布局建设沿平陆运河党建示范带，打造临港工业园区党建示范区，如钦南区整合原有运河沿线工业园区，2022年9月成立临港工业园区工委，由区委专职副书记担任园区党工委书记，既抓园区重大项目建设，又抓党建示范区打造工作。截至2022年12月，已初步完成临港物流集中区党支部、金虹公司党支部、海大饲料党支部等示范点打造，并派出党建指导员对丰林木业、西牛皮防水等重点企业在筹备组建党支部方面的工作进行指导。

六、科学规划建设运河沿线特色城镇

（一）建设乡村特色城镇

从马道枢纽至青年枢纽区域，规划建设专业码头，拉动物流、产业布局发展；重点考虑水源和生态保护、沿途乡镇经济文化特色，规划建设特色文化小镇，打造独具岭南风格、宜居康寿的美丽运河城镇。实施美丽小城镇建设行动，推动小城镇建设与特色产业发展相结合、与服务"三农"相结合，围绕全市城镇带新布局，分类推进专业功能镇、综合性小城镇建设，着力把小城镇建设成为发展现代产业、推进城乡融合、促进农民就近就地就业的重要平台，如盛产月饼和灵山香鸡的沙坪镇就坐落于马道枢纽附近，可借此优势建设一个以农产品加工和食品加工为主的传统产业集镇。

注重围绕平陆运河建设和沿线开发，系统优化沿线城镇和村庄布局，高标准规划建设平陆运河城镇带。陆屋镇可依托岸线港口资源和产业园区建设，提升江海联运、水水中转、铁公水联运功能，强化航运服务定位，发挥小城镇连接城市和农村的纽带作用。结合临港产业布局，促进区域性人口、产业和商贸物流集聚发展，着力将陆屋镇建设成为平陆运河经济带副中心城镇。沙坪镇应结合开发现状和产业布局，规划开发产业新城区，

集中安置运河沿线搬迁人口，配套完善教育、医疗、卫生等公共服务设施，打造宜居宜业宜游新城，提高城镇化率。旧州镇可围绕运河服务区建设，增设运河服务区新城，致力于塑造独具魅力的运河城镇带。

（二）提升主城区品质

从青年枢纽至和谐塔区域作为钦州目前的主城区，应重点推进城市提质更新，加强对"一江两岸"、平南古渡、千年古龙窑等沿线标志性建筑和设施的保护开发，在城市品质提升中解读好历史钦州、文化钦州、烟火钦州的故事。按照城区常住人口规模，科学配置城市公共资源，提高公共服务能力和市政公用设施保障水平。加快构建系统完备、高效实用、智能绿色、安全可靠的现代化城市基础设施体系。重构钦州主城区交通组织网络，优化路网、公交专用道、停车、公共充电桩等设施设置，高标准建设跨平陆运河桥梁通道，提高路网密度、通畅度，打造公交都市。推进以老旧小区、老旧厂区、老旧街区、城中村"三区一村"改造为主要内容的城市更新行动，重点改造2000年前建成的城镇老旧小区，推动有条件的老旧街区打造街区经济并逐步发展成为新型文旅商业消费圈。

（三）打造特色江海新城

从和谐塔至茅尾海区域作为钦州打造江海衔接的新城承载区，应以此为重点，高标准加快完善城市商住、教育、文旅、科创等综合功能，让江海新区成为全市吸纳和承载产业、人口聚集的主阵地。在具体空间规划方面，以特色吸引人口迅速聚集进而推动扩大城区建设，以特色风情街商业圈、滨海文旅商业圈以及滨江居住区三大功能区为主，让"居"与"商"既相互区分、避免影响，又相互错位、协同发展，同时在主干道商贸服务业发展轴中衔接滨江水景观带，将运河和茅尾海的自然景观引入新城轴线，提升江海新城宜居环境。

第八章　平陆运河与沿线特色农业发展研究

平陆运河沿线农业资源丰富，分布有茉莉花、荔枝、龙眼、蔬菜、畜禽、渔业、茶叶等传统优势农业产业，并建有一批农业示范园区。农业产业化进程也在不断加快，特色农产品的种植和深加工规模逐步扩大。根据运河建设的总体布局，可调整乡村重点产业的结构，优化提升渔业、茶叶、水牛奶、茉莉花等优势特色产业，把运河建设的各种叠加机遇转化为产业优势，推动现代特色农业转型升级。

第一节　平陆运河沿线特色农业整体概况

一、平陆运河沿线钦州特色农业基本情况

平陆运河钦州段北至灵山县沙坪镇最北端，南至钦州港，沿线涵盖沙坪河、旧州江、钦江三段河流两岸及周边镇和村落，涉及钦州市灵山县、钦北区、钦南区三个县（区）16个镇（街道），拥有比较丰富的特色农业资源。

（一）特色农业产业逐渐发展壮大

运河沿线拥有荔枝、茶叶、辣椒、大蚝、对虾、奶水牛、香鸡、百香

果、韭菜苔等众多特色农业产业，其中钦州大蚝、钦州石金钱龟、钦州海鸭蛋、钦州青蟹、钦州黄瓜皮、钦州鲈鱼、钦州石斑鱼、钦州辣椒、钦州赤禾、灵山香鸡、灵山荔枝、灵山绿茶、灵山奶水牛、钦北荔枝等多个农产品获得国家农产品地理标志。钦州市依据"药食同源"理论，打造保健品蔬菜产业，研制特色药膳菜品，不断加快中医药健康餐饮的开发。钦南区钦州大蚝特色农产品优势区、灵山县灵山荔枝特色农产品优势区获得国家级特色农产品优势区称号，灵山荔枝、钦州大蚝获得中国农产品区域公用品牌。平陆运河沿线拥有特色农业品牌19个，灵山多个荔枝、绿茶产品及钦北丝苗米、贡米、红心火龙果、莲藕等产品获绿色食品A级产品认证。

（二）特色农业品牌竞争力不断提高

近几年，钦州围绕主导产业和区域特色产业，统筹资金6.9亿元支持荔枝、陈皮、茶叶、百香果、辣椒、玉兰花、大蚝、香鸡、奶水牛等九大特色产业发展，形成了一批产业集聚程度高、特色明显、技术领先的知名区域公用品牌和具有影响力、市场竞争力的知名企业产品品牌。全市累计入选中国农产品区域公用品牌目录2个，入选广西农产品区域公用品牌8个。全市有效期内"二品一标"认证农产品85个（其中绿色食品64个，有机食品3个，地理标志18个）。钦州大蚝先后五次荣登中国地理标志农产品区域品牌价值评价榜，2023年位列第65位，排名创历史新高，品牌价值达52.88亿元。全市大蚝养殖面积、产量在华南地区均排第一位，年产值突破37亿元，带动10万人创业就业，钦州大蚝全产业链综合产值已达105亿元。

（三）特色农业示范区建设取得新进展

积极创建现代特色农业示范区、产业园等示范项目。灵山县现代农业产业园（奶水牛产业）获国家级现代农业产业园认定，玉兰花产业示范区获自治区现代特色农业示范区（四星级）认定；钦南区重点打造大蚝全产业链,"钦州大蚝"荣登2024年中国品牌榜,品牌价值达53.14亿元。钦南区那彭镇村级集体经济项目实现肉鸡产品直供香港,是广西首个村级集体经济产品供港项目。钦北区预制菜(蔬菜)基地等6个项目有序推进,钦北区九联肉鸡产业核心示范区熟食预制菜产业加工项目已建成加工项目厂房;钦州九联食品有限公司已被列入自治区级、市级农业产业化龙头企业名单。[①] 2023年,钦州市累计获现代特色农业示范区(园、点)认定共1303个,其中国家级农业现代化示范区1个、自治区级现代特色农业示范区28个,创建国家级优势特色产业集群1个、自治区级优势特色产业集群2个,培育国家农业产业强镇2个、自治区级农业产业强镇2个,自治区级现代农业产业园3个,自治区级田园综合体2个。全市累计获得自治区级特色农产品优势区创建项目6个。

二、平陆运河沿线横州特色农业基本情况

横州市属南亚热带季风气候,阳光充足,雨量充沛,气候温暖,已经探明的优良富硒土地面积达28.92万亩。近年来,依托地理位置和自然条件优势,坚持"特色、绿色、名牌"农业发展方向,加快推进农业产业化,不断提升农业现代化水平,打造了一批特色农业产业示范村,推动优势特色产业实现了新发展,并在广西具有领先地位。

横州市坚持以工业化理念谋划农业产业化发展,扶持和培育了19家国家、区、市级农业龙头企业,至2023年年底,共组建了356个农民专业合作社,有效带动了全县农民就业增收和农村经济发展。

(一)特色产业提质升级

横州市大力推进特色农业发展,茉莉花(茶)、优质稻、甜玉米、食用菌、蚕、蔗糖、林业、水产畜牧、蔬菜、水果等十大特色农业产业全

---

① 陆燕.闯险滩,向海图强:聚焦县域经济高质量发展突破行动[N].钦州日报,2024-12-30(1).

面提质升级。① 横州市茉莉花产业发展入选农业农村部2022年农业品牌创新发展典型案例和第三届"全球减贫案例",横州市甜玉米入选全国名特优农产品目录。2022年横州市茉莉花(茶)再次进入区域品牌百强榜,形成茉莉花产业集群,综合品牌价值达218.14亿元。

(二)特色农业示范区建设全面铺开

在横州市中华茉莉花产业(核心)示范区引领带动下,当地大部分乡镇都建设了一个以上的现代特色农业示范区。其中,广西农垦永新源生猪健康养殖(核心)示范区、横州朝阳大垌优质稻产业示范区、横州南山白毛茶产业示范区等30个现代特色农业示范区被认定为国家、自治区、市、县级等不同层级的示范区,并建立了多个"最大"基地,即中国西南地区最大的甜玉米生产基地、中国西南地区最大的木瓜生产加工基地、广西最大的食用菌生产基地等。

(三)推动品牌打造由"大麻袋"向"小包装"转变

横州市的茉莉花产业闻名遐迩,依托茉莉花发展的加工业蓬勃发展。如创新实施茉莉花品牌战略,推出"好一朵横州茉莉花"品牌口令、"茉莉仙子"品牌图腾,品牌冠名高铁列车多条专线,横州茉莉花越来越为人们所熟知、认可。同时,通过招大引强、奖励扶持等方式,大力培育本土品牌,逐步形成了具有广泛知名度的本土品牌。金花、周顺来、香菇怡茉等多个品牌入选"全国茉莉花茶十大品牌""全国茉莉花茶创新品牌",获香港优质"正"印认证茉莉花茶产品13个、香港绿色标志认证产品1个,获得"二品一标"认证的茉莉花产品5个。依托茉莉花特色产业成功打造全产业链、成功发射"横州市·茉莉花一号"卫星,在全国范围内打响了"横州市茉莉花"品牌升级战。

---

① 余道锋,韦立锋,林禧遐.横县借力示范区建设全力打造广西现代特色农业强县[J].南国博览,2018(2):8-11.

第二节 平陆运河沿线特色农业发展机遇

平陆运河是一条通江达海的临海运河，建成后将有助于横州市、钦州市乃至全广西的农产品走出去，促进区域农产品商业化、品牌化、标准化发展。

一、高质量编制平陆运河沿线特色农业产业发展规划

广西壮族自治区结合实际，科学编制运河沿线农业产业发展规划，出台了《广西西江水系"一干七支"等重点江河流域沿岸生态农业产业带建设规划（2016—2030年）》（西江水系"一干七支"是指西江干流和左江、右江、红水河、柳黔江、绣江、桂江、贺江7条支流。），协同制定《平陆运河沿线农业产业发展规划》，明确运河沿线农业产业发展定位、产业布局、政策措施、错位发展等，为平陆运河沿线城市发展特色农业提供有力支撑。

钦州市立足自身实际，积极编制《平陆运河（钦州）沿线农业产业发展规划（2023—2035年）》，以"一核引领""六链协同""三园共建""一镇一品""1631"产业发展体系为引领，构建现代特色农业产业体系，推动运河沿线农业产业高质量发展。出台了《钦州市"一镇一品"建设三年行动方案（2023—2025年）》，积极推进荔枝、陈皮、奶水牛、百香果、大蚝、香鸡、茶叶、玉兰花、辣椒等九大优势特色农业产业融合发展，打造现代特色农业示范区和农业产业集群。一方面，推进现代特色农业示范区建设，为农民提供更多技术培训、政策扶持等支持，推动实现农业现代化。另一方面，促进相关产业链的整合，提高农产品附加值，进一步推动农业产业升级，提升产业竞争力，为钦州农业现代化和农村经济发展注入

新活力。

出台了《横州市现代特色农业示范区高质量建设实施方案（2022—2025）》，要求各乡（镇）成立乡（镇）现代特色农业示范区创建办，制定实施方案，做好产业规划，鼓励结合"一村一品"规划发展，争取每个乡（镇）建成1个以上县级示范区，并以县级、市级示范区创建标准为发展规划指导，逐步提升或提档，建成更高一级的示范区。

因地制宜出台政策资金扶持特色农业发展，先后出台《关于实施以奖代补推进特色产业扶贫的方案》《横州市茉莉花产业发展（2023—2025）奖励扶持办法》等一系列政策文件。加快推进全市现代特色农业示范区增点扩面提质增效三年行动计划，推动横州中华茉莉花产业示范区创建成为广西五星级现代特色农业示范区，茉莉花主产镇——校椅镇成功入选全国特色小镇，2022年获批创建国家级农业现代示范区。每年安排1000万元专项资金扶持茉莉花产业发展，对农民新种和低改、企业品牌建设等进行奖补。

二、有利于培育建设平陆运河农业合作走廊

平陆运河沿线地区自然资源丰富，土地肥沃，水资源充沛，为农业发展提供了得天独厚的条件。这里盛产水稻、甘蔗、水果、茉莉花等农作物，是广西重要的农业产区。平陆运河的建设，为培育建设农业合作走廊创造了前所未有的机遇。借助运河带来的交通便利，沿线城市能够在农产品种植、加工、销售等环节开展更紧密的合作。

在种植环节，整合各地优势农产品资源，统一规划种植品类，形成规模化、专业化的农业生产基地。例如，根据不同地区的土壤、气候条件，规划某区域重点种植优质水稻，另一区域主打特色水果，实现资源的高效利用。在加工环节，共同打造农产品加工产业集群，引入先进的生产技术和设备，提升农产品附加值，如将荔枝加工成荔枝醋、荔枝酒等，增加产品市场竞争力。在销售环节，共建物流配送体系，借助运河水运和陆运网

络，将优质农产品更高效地运往全国各地乃至海外市场，拓宽销售渠道，提升农产品的市场占有率。

平陆运河通航后，将深刻改变运河沿线地区农业生产条件，并通过运河水运主导动能创造农业二产三产新业态，为广西创新落实农业现代化理念提供了绝佳的试验田。借助江海联运班轮化运输对农产品运输时间和效率的保障作用，加快发展农产品加工业和电商物流，促进本地农产品和进口农产品在平陆运河沿岸集散。平陆运河贯通广西和西南地区内河水运网络的通达效应，有助于吸引西南地区"农"字号企业在平陆运河沿线投资建设农业示范区、农产品精深加工基地，创新建立跨区域的农业产业链供应链，形成陆海双向联动，一二三产业融合发展的农业合作走廊。

第三节 平陆运河沿线特色农业发展面临的挑战

平陆运河开工建设以来，沿线特色农业产业大力发展，取得了一定成效。众多特色农产品种植规模不断扩大，如灵山的特色荔枝品种，通过改良种植技术，产量逐年递增；横州市的茉莉花除了传统的花茶加工，还拓展到茉莉精油、茉莉护肤品等多元领域，产品附加值大幅提升。这些产业的发展，极大地带动了沿线乡镇村民增收致富，许多村民的年均收入实现了两位数增长，生活水平显著提高。但运河沿线特色农业在发展过程中也暴露出一些问题。

一、运河沿线特色农业布局较为滞后

特色农业产业是一项系统工程，规划引导是特色农业产业发展的基础，是发展的"路线图"。然而，平陆运河开工建设以来，针对平陆运河沿线的农业产业规划编制还未正式出台，对运河沿线县（区）功能定位仍

然不够明确、产业布局不够合理、岸线资源缺乏统一规划,现有的国家级特色农产品优势区建设仍待升级,对优势特色产业的规划引领和保障力度不足,还未形成特色产业明显、主导产业突出的区域发展格局。例如,钦州市钦北区平吉镇九佰垌农业示范园从2015年起历经三轮规划,虽然特色种植养殖种类和规模有明显提升,但仍然存在小、散、弱等问题。

二、特色农业产业链融合有待提高

在技术应用上,农业生产的科技化、智能化水平偏低,许多种植环节仍依赖传统人工劳作,效率低下,难以满足市场对高品质、标准化农产品的需求。目前,运河沿线农产品主要依靠鲜销,还未形成从生产到加工、包装、储运、销售、服务的完整产业链,精深加工较少,产品附加值较低。龙头企业培育不太足,辐射带动作用不够明显。在三产融合的过程中未能很好地利用农业特色小镇、田园综合体等载体发挥种植体验、农产品加工、科普宣传、旅游康养等功能。农业多功能性挖掘不太足,服务水平不太高,各产业融合度和融合水平较低,产业零星散布,没有形成有效的链接,农产品预冷仓储设施不够先进,流通渠道不够顺畅。

三、特色农业产业因同质化而竞争激烈

在产业布局方面,部分地区存在规划不够合理的情况,产业同质化现象较为严重,缺乏差异化竞争优势。随着大湾区规划与建设步伐加快,农产品需求与供应也更加繁荣,广东、湖南、海南、江西、福建、云南、贵州等都在积极建设粤港澳大湾区"菜篮子""米袋子""果盘子"。贵州、云南等周边省份及广西区内各市县已经建设的农业示范区项目群在资源背景、产品类型、市场定位等方面都与横州和钦州存在一定的相似性,如百香果,在广东、海南、福建、云南都有种植,区内其他市县也有大规模种植,等等。

四、特色农业示范区用地瓶颈难以突破

特色农业示范区的普遍创建，使得农业生产设施不断增加，生产经营规模不断扩大，产业链不断延长，而一二三产业的融合发展，又使得现代乡村旅游业、农产品冷藏存储业、农产品物流运输业、乡村健康养生产业等新业态不断涌现。所有这些，都需要大量的设施用地。由此，平陆运河沿线各县区的农业部门都遇到了一个普遍的问题，就是受到严格遏制耕地"非农化"、防止耕地"非粮化"的限制和耕地用途管控的影响，各地在推动主导产业发展和项目建设上面临诸多挑战，能有效解决的方案非常有限。如钦州市钦南区在大蚝养殖方面，养殖户难以办理海域使用和养殖相关证件，影响海洋经济标准化发展；钦州钦北区平吉九佰垌农业示范园，90%以上是基本农田，设施农用地仅占0.68%。

第四节 平陆运河沿线特色农业发展策略

一、加强顶层设计，打造运河沿线特色农业示范带

一是加快《平陆运河沿线农业产业发展规划（2024—2035年）》的编制和出台，构建现代特色农业产业体系，推动运河沿线农业产业高质量发展。二是结合"一县一业"打造主导特色产业，集中力量打造1—2个主导农业产业链，推动产品增值、产业增效，促进联农带农和共同富裕；提纯复壮一批地方特色优良品种，如横州可壮大茉莉花、甜玉米特色产业，加快发展设施农业，推动农业机械化、智能化。三是加强对港口物流及沿线农业发展的规划和引导，促进现代农业上下游产业链条相互衔接，推动建设一批港口多式联运物流园，促进农产品冷链物流需求释放与港口物流服务提供的高效匹配。四是推进产城深度融合，鼓励国家级和自治区

级农业产业园区围绕主导产业，以资源开发和承接产业转移为重点，以促进农业产业集群为途径，创建一批特色农业小（城）镇，实现农业和城镇升级发展。

二、延伸全产业链，推动一二三产业融合发展

一是加快打造运河沿线农业全产业链示范带。聚焦水果、茶叶、中药材、特色禽畜等特色农产品，围绕现代农业融合发展，推进农产品精深加工，构建运河经济带国家—自治区—市—县四级农业产业园区梯次发展模式，打造有竞争力的国家现代农业全产业链标准化示范基地。推进农业绿色发展先行区建设，支持横州、灵山等创建国家农业绿色发展先行区。二是打造粤港澳"菜篮子"示范带。按照对接大湾区的标准和备案基地的要求，改造升级运河沿线地区原有蔬菜基地，建设智慧蔬菜种植示范项目、智能化供港蔬菜产业示范基地，谋划建设种子种苗繁育基地、设施大棚蔬菜示范基地、标准菜园、供粤港澳大湾区蔬菜基地等项目，打造粤港澳大湾区高品质"菜篮子"。三是壮大横州优势特色农业产业，延伸产业链。充分发挥横州农业基础条件，进一步壮大优质优势特色农业，加快建立无公害、绿色、有机农产品生产基地，巩固和扩大横州作为广西最大的甜玉米、桑蚕和食用菌生产基地，国家商品糖和蔗糖生产基地，全国最大的茉莉花生产和花茶加工基地等成果。四是延伸特色农业产业链。采取"政府扶持、企业动作、经济带动、集中连片、分户经营"的形式，进一步延长农业产业链。以中华茉莉园标准化种植生产示范区、工业化蘑菇温控种植示范区等示范项目为龙头，带动特色产业向区域化布局、规模化生产、集约化经营转变，积极发展产业带；引进、扶持和培育壮大金花茶、集盛、冠桂等一批带动力强的农产品加工龙头骨干企业，实现每个特色种养业都有一个龙头企业、一个标准化基地、一批农业经济合作组织来支撑带动，形成产供销、农工贸一体化产业经营格局。

三、实施品牌战略，创响平陆运河经济带现代农业品牌

平陆运河沿线市（县）拥有大批特色农产品，可通过个性化定制、品牌化运作、市场化包场和广告化推广，打造"母子品牌""主副品牌"和"衍生品牌"，以提升消费者对农产品地理标志产品和区域公共品牌的认可度。推广运河沿线优质特色农产品，借助节庆、展销和短途游，紧盯"运河+吃住游娱购研学"市场需求，用活数字农业，打造一批"云认养+"品牌基地，推广"认种一亩运河富硒田""认养一头运河奶水牛""认购一条运河鱼""认种一棵运河荔枝树"活动。

一是完善品牌建设体系。高水准、高起点策划、包装平陆运河经济带农业品牌，借鉴横州茉莉花区域公共品牌建设的成功案例，建立以"政府主导+行业协会调节+企业主体推动+农民补充推动"的农产品区域公用品牌建设模式，明确灵山荔枝、钦州大蚝等农产品区域公用品牌定位，开展运河沿线区域公用品牌、企业品牌、农产品品牌创建提升行动，形成灵山荔枝、钦州大蚝等多个品牌价值超百亿的中国农产品区域公用品牌。二是加强品牌推介与传播。积极创设品牌传播的优质环境，组合好主流媒体、自媒体进行互联互动式传播，搭建运河沿线特色农业品牌的媒体传播矩阵，积极培养广告专业人才，打造爆款广告，加大运河经济带农业品牌推介力度，讲好品牌故事，提升品牌公信力和品牌溢价能力，打造一批"广西第一，全国有名，在世界上有影响力"的平陆运河特色农产品品牌。三是推进知名企业子品牌反哺区域主品牌。通过龙头企业运营品牌，提升品牌知名度，实现子品牌对母品牌的反哺效果。横州茉莉花企业在高质量生产发展的同时应扩大规模，成长为大型区域性茉莉花行业支柱企业，在产品设计、经营管理、广告传播等方面均宣传横州原产地，以实现对横州茉莉花区域品牌的反哺。平陆运河钦州沿线的特色农业品牌宣传也可借鉴该做法。

四、优化要素保障，助推运河沿线特色农业示范带建设

一是强化土地指标保障。积极盘活沿线城市用地，重点对平陆运河现代农业产业用地给予倾斜。优先保证临港农业产业合理用地与岸线开发需求，对重点农业项目可推行用地预留、土地专用等政策，对临港农业产业项目给予政策倾斜。创新解决运河沿线现代农业发展和特色小镇建设中遇到的建设用地问题。鼓励运河两侧休闲农业活动开发尽量在现有宅基地基础上进行，可通过整合村内空闲地、旧宅基地、废旧场所和边角荒地，挖掘建设用地潜力。二是强化项目建设支持。坚持"项目为王"，深入实施重大项目带动战略，发挥重大项目的龙头引领作用，把项目作为推动平陆运河产业发展的第一抓手，筛选一批对运河产业发展具有重大牵引作用、投资规模大的运河产业重大项目，积极谋划与运河产业配套的交通、港口、通信、数字化、园区设施、新基建等配套基础设施项目，推动运河重大项目建设提速提质提效，以源源不断的大项目好项目为平陆运河产业发展积蓄更强动能。三是强化人才队伍支持。围绕平陆运河的基础农业、特色农业、都市农业、浅海水产养殖等产业提质升级的需要，加大"三农"领域实用专业人才培育力度，提高农村专业人才服务保障能力。研究制定完善相关政策措施和管理办法，结合运河农业产业提质升级需要，发展壮大科技特派员队伍，鼓励社会人才投身乡村建设。研究制定并完善高层次人才引进政策措施和管理办法，通过"柔性引进"等方式引进急需人才。探索实施农业科技领军人才年薪制、特岗补贴制、团队薪酬协议制、企业兼职兼薪制等体制机制。

第九章 平陆运河与构建运河文化带研究

平陆运河,作为一项具有深远影响的世纪工程,是一部承载着厚重历史文化与人文风情的鲜活史书。在漫长的历史长河中,运河沿线地区见证了无数次经济交流与文化传播。从古老的航运贸易,到各民族的迁徙融合,它始终是沟通与发展的重要纽带。这里留存着丰富的历史遗迹,每一块古老的砖石、每一道岁月雕琢的痕迹,都诉说着往昔的繁华与变迁。研究构建平陆运河文化带,对于保护和传承这些珍贵的历史文化与人文资源意义重大。它能将散落的文化瑰宝串联起来,让古老的历史文化在现代社会中焕发生机,促进不同地域文化间的交流与融合。同时,通过文化带的建设,还能向世人展示运河沿线独特的人文魅力,提升其区域文化影响力,为区域的可持续发展注入源源不断的文化动力,让平陆运河的文化价值在新时代得以延续和升华。

第一节 建设平陆运河文化带的重要意义

作为西部陆海新通道的骨干工程,平陆运河是中华人民共和国成立以来第一条连通江海的大运河,工程规模宏大,备受世人瞩目。这条运河所经路线,早在一千多年前便是水陆交替的古道。平陆运河沿线蕴藏着丰富的人文自然景观和众多文化遗产,其建设不仅是一项交通运输工程,更是一处独特的文化景观。这些文化遗产涵盖古建筑群、古城遗址、红色革命文化遗址、历史文化遗址，以及非物质文化遗产等。深入挖掘和合理利用平陆运河文化遗产，整合平陆运河沿线丰富的历史遗迹、民俗文化、自然景观等资源，为后人留下创新的"文化遗产"，不仅有助于提升平陆运河的知名度，更能打造独具广西壮族特色和岭南风格的运河文化观光旅游品牌。

一、有利于平陆运河沿线文化的传承与创新

平陆运河沿线拥有丰富的历史文化遗产和独特的岭南文化、海洋文化特色。构建平陆运河文化经济带，将平陆运河沿线的历史文化资源与现代科技、艺术等相结合，可创造出新的文化形态和产品。例如，通过现代信息数字技术重现历史场景、开发出以平陆运河为标志的文创商品等。[1] 这有利于平陆运河沿线的史前文化遗址，海上丝绸之路文化遗存、建筑文化遗存、军事文化遗存、民俗文化遗存的保护与传承，有利于推进平陆运河沿线文化资源的挖掘，以打造新时代平陆运河特色文化。

二、有利于区域文化的交流和经济的繁荣发展

平陆运河地处广西，连接起西江流域和北部湾，位于中国-东盟经济圈的关键位置。这种得天独厚的地理位置，使其能够有效连接不同区域的文化。加快平陆运河文化带建设，不仅有利于挖掘优秀的传统文化，且有利于促进国内不同地域文化之间的交流，为中国与东盟国家的文化交流搭起重要的桥梁，以推动运河文化与时代元素结合并焕发出新的生机与活力。

党的二十大报告提出："繁荣发展文化事业和文化产业。健全现代文

---

[1] 王相芝，刘春芳.德州大运河文化经济带建设研究[J].理论纵横，2024（25）：145-148.

化产业体系和市场体系，实施重大文化产业项目带动战略。加大文物和文化遗产保护力度，加强城乡建设中历史文化保护传承，建好用好国家文化公园。"借助平陆运河建设契机，可对运河沿线县（区）、镇（街道办）、村的文化资源进行全面和分段整合。按照古建筑群、文物和文化遗产保护标准与要求，做好运河河道整治、运河沿岸历史文化街区保护工作，并在这一协调和合作过程中增强区域和历史的文化认同感。[①] 构建运河文化带，将打通区域发展的"任督二脉"。以运河文化作为纽带，把南宁、钦州、横州连接起来，有利于开拓对外开发开放、融合发展的新题材和新平台，唱好天下运河文化的大戏，推动运河沿线各地经济社会文化的大交流大融合，促进运河沿线城市的共同繁荣发展。[②]

第二节 横州市历史文化概况

2021年，横县撤销并设立县级市横州市，由广西壮族自治区直辖，南宁市代管。早在8000年前，横州就有人类活动的踪迹，其新石器时代遗址出土了蚌器、石器、骨器、陶器等珍贵文物。

一、人文和古迹

横州市山川秀美，人文历史悠久。汉伏波将军马援、宋著名词人秦少游、明建文帝朱允炆、明旅行家徐霞客等都在横州留下了精彩的历史印记。现有应天寿佛寺、伏波庙、海棠桥、天子码头、承露塔、笔山花屋、施家大院、施恒益大院、翰桥三昆堂、亭茶杨氏祖屋、李萼楼等众多古

[①] 李晓晟.京津冀协同推进大运河文化带建设的策略研究[J].衡水学院学报，2019，21（4）：38-42.

[②] 吕梦倩.大运河（浙江）文化带建设研究[J].中国工程咨询，2017（11）：29-30.

迹。流传甚广的"乌蛮滩头祀伏波，海棠桥畔忆秦观，应天禅寺说建文"，便涵盖了横州市重要的历史文化事件。

二、民俗文化和旅游资源

横州市境内居住着12个民族，形成了丰富多彩的民俗文化。一系列独特且极具地域色彩的文化，不仅具有深厚的学术研究价值，还对丰富地方民众日常生活、构建和谐社会起着重要作用；特色鲜明、程序讲究的水上婚礼，具备较高的民俗文化欣赏价值和现代人们追求的审美价值；此外，还有伏波庙会、茉莉花节、三相圩逢、壮族圩逢、灵竹圩逢等风土人情浓郁的习俗和文化。

平陆运河（横州段）标段全长19.72千米，途经2个乡镇（南乡镇、新福镇）、6个行政村（社区）。南乡镇历史悠久，明万历年间就成为远近有名的集圩，是横州市最早的四个建制镇之一。镇内有丹霞地貌"天亮石笋"、山水胜地"川曲湾"、多处古树荔枝林等众多旅游资源，出土有国家一级文物——"人乘飞兽"饰钱纹铜鼓（南朝）。

第三节 钦州市历史文化概况

钦州拥有丰富的历史文化资源。据史料记载和有关文物考证，远在旧石器时代晚期，钦州人的祖先就在这片土地上生息繁衍。在长期的发展中，形成了汉、壮、瑶等多民族杂居的格局。钦州是一座历史悠久的古老城市，《隋书·地理志》云："梁置安州，开皇十八年改曰钦州。"州的治所在钦江县，这便是钦州得名之始，至今已有1400多年的历史。在海洋文化与内陆文化的互补、西方文化与中国文化的碰撞、传统文化与现代文化的冲突和互动中，造就了以海洋文化、历史文化为主流的钦州文化。[1]

一、钦州市"海上丝绸之路"历史文化

"海上丝绸之路"是中国与西方国家开展货物贸易、文化交流的重要通道。秦汉时期秦始皇、马援连通了长江和珠江水系、北流江和南流江，打通了中原至南流江出海口的内陆航线，首个海上丝绸之路港口——合浦港于是应运而生。钦州毗邻合浦，合浦港的使用为钦州对外贸易往来提供了极大的便利条件，宋代钦州设博易场更是强化了钦州与周边国家的贸易往来。[2] 钦州海上丝绸之路文化遗址是钦州历史文化的重要组成部分（见表3），对探寻钦州对外贸易交流情况起着关键作用。

表3 钦州市"海上丝绸之路"历史文化遗址汇总表[3]

名称	地址	历史时期
钦江古城遗址	钦州市久隆镇上东坝村东北	隋唐
越州古城遗址	钦州市浦北县石埇镇坡子坪村	南朝
施渡坡古城遗址	钦州市浦北县泉水镇旧村委容屋村施渡坡	隋
下红泥沟古城遗址	钦州市平吉镇牛江村委下红泥沟村钦江西岸	隋唐
久隆古墓群	钦州市久隆镇钦江与新明江之间	隋唐
西坑古运河	钦州市钦南区犀牛脚镇西坑村委龙眼山村	汉
长墩岛	钦州市钦南区康熙岭镇新营村委会亭子村茅岭江中	宋
乌雷炮台	钦州市钦南区犀牛脚镇乌雷村南香炉墩岛	清
平南古渡	钦州市水东社区大路	明
钦州博易场	钦州市一马路至五马路钦江沿岸	宋
潭池岭窑址	钦州市钦南区东场镇东场村委东场村的潭池岭	唐

---

[1] 尹继承.发挥区域文化作用，促进钦州经济和社会发展[J].沿海企业与科技，2011（1）：74–76.

[2] 童赪彤.海上丝绸之路语境下20世纪钦州坭兴陶的文化艺术特征研究[D].桂林：广西师范大学，2022：9.

[3] 田心.广西钦州"海上丝绸之路"历史文化遗址考证及评析[J].钦州学院报，2017（2）：1–6.

二、钦州市非物质文化遗产概述

(一)海洋非物质文化遗产的多元呈现

钦州市拥有丰富多样的海洋非物质文化遗产,这些文化瑰宝犹如繁星点缀在历史长河之中。其中,民俗节庆类有跳岭头节,它承载着当地民众独特的祈愿与文化传承;民间艺术形式方面,钦南采茶戏以其独特的唱腔和表演风格展现地方风情,鹤舞灵动飘逸,歌声悠扬婉转,别具一格;传说故事类有龙泾还珠、景公庙的传说,三婆石的传说以及盲鲨的传说,凝聚着先辈们的智慧与情感;传统技艺类涵盖钦州坭兴陶烧制技艺,其精湛工艺闻名遐迩,钦州造船技艺彰显着海洋文化中的工匠精神,海产品加工技艺与煮海制盐技艺则是海洋生产生活的智慧结晶;此外,还有别具一格的表演艺术,如水上木偶戏、"上刀山下火海"等,充满神秘色彩与独特魅力。[①]

(二)非物质文化遗产名录项目资源的规模与构成

目前,钦州市有国家级非物质文化遗产2项,省级21项,市级56项;有国家级非遗代表性传承人3人,省级16人,市级57人。如此丰富的资源层级,充分展示了钦州市非遗文化的深厚底蕴和广泛传承。

(三)非遗活动品牌的打造与影响力

近年来,钦州市积极推动非遗文化的传播与发展,大力打造非遗活动品牌,连续三届成功举办的"古龙窑火祭大典""烟墩大鼓大赛""跳岭头节"已成为广西极具知名度的节庆活动品牌,每年的活动举办都吸引了国内外几十家媒体进行采访报道。其中,"古龙窑火祭大典"更是连续两年登上中央电视台,这不仅极大地提升了钦州市非遗文化的知名度,也为地

[①] 高翔.广西北部湾地区海洋非物质文化遗产旅游开发研究[D].桂林:桂林理工大学,2017:22.

方文化的传承与发展注入强大动力。

三、古建筑

古建筑是不可移动文物中数量最多、类型最为丰富的类别。在平陆运河钦州段1400多年历史中，沿岸居民世代生活，保存下众多的古建筑。[①]其中有代表性的是坐落于钦南区板桂街10号和钦北区宫保街70号的清代刘永福、冯子材旧居建筑群，位于钦南区中山路24号的清代广州会馆，位于钦南区占鳌巷52号的民国苏廷有旧居，位于钦南区四马路2号的民国冯承垺旧居，位于钦南区龙门港镇政府办公地点的民国郭文辉旧居等（见表4）。

表4　平陆运河钦州段文物保护单位情况表[②]

序号	文物保护单位	级别	年代
1	刘永福、冯子材旧居建筑群	国家级文保单位	清
2	钦江县故城遗址	自治区文保单位	隋唐
3	钦州故城遗址	自治区文保单位	隋宋
4	缸瓦窑村圢兴陶古龙窑址	自治区文保单位	明
5	广州会馆	自治区文保单位	清
6	苏廷有旧居	自治区文保单位	民国
7	冯承垺旧居	自治区文保单位	民国
8	郭文辉旧居	自治区文保单位	民国
9	下红泥沟故城址	市级文保单位	唐
10	光裕堂	市级文保单位	民国
11	沙尾街冯子材故居	市级文保单位	清
12	冯相钊旧居	市级文保单位	清

---

① 秦建军.大运河沧州段文化遗产保护利用研究[D].武汉：华中师范大学，2020：19.
② 参见钦州市博物馆《钦州市第三次文物普查资料（内部资料）》。

续表

序号	文物保护单位	级别	年代
13	城内街古井	市级文保单位	清
14	天后宫	市级文保单位	明
15	革命烈士纪念碑	市级文保单位	1953年
16	牛墟坡革命烈士墓	市级文保单位	1983年
17	文峰卓笔	市级文保单位	民国
18	焦生炳墓	市级文保单位	1952年
19	玉井流香	市级文保单位	明
20	天涯亭	市级文保单位	宋清
21	章氏太傅书院	市级文保单位	民国
22	陆屋广府会馆	县级文保单位	清
23	双寿塘古建筑群	县级文保单位	清
24	陆屋革命烈士纪念碑	县级文保单位	1950年

四、古遗址众多

平陆运河钦州段沿线蕴藏着丰富的文物资源，规模较大的有钦州古城遗址，自宋代建城至今已有千年历史。据清道光朱椿年修《钦州志》载："钦州城周围六百丈，厚二丈，高二丈二尺，东、南城楼各一，窝铺（守城士兵的宿舍）二十二，垛口（城墙上伸出的部分，钦州古城的垛口为锯齿形）八百二十。壕堑周四百二十六丈，阔二丈七尺。东门月城（城外用来屏蔽城门的半圆形小城）周十八丈，高二丈，垛楼一，垛口二十二，南门月城周十六丈，高二丈二尺，垛口三十三，水关四，新设西门月城，周十八丈，高一丈五尺，垛口三十一。"自明代以来，钦州城址规模不断扩大。钦州老城区内有城址、博易场、亭台、寺庙、名人故居、会馆、近代骑楼、教堂等多种多样文物遗迹。从宋代至今的各类遗迹均有，历史连续性较好。平陆运河钦州段部分文物见表5。

表5　平陆运河钦州段文物登记点情况表①

序号	文物登记点	年代	位置
1	许子平公馆	民国	钦南区五马路北二巷10号
2	中山路骑楼街	民国	钦南区中山路
3	黄文澜旧居	民国	钦南区占鳌巷37号
4	陈书涟旧居	民国	钦州市鱼寮东巷16-1、2、3、4、5、6、7号
5	钟厚德堂	民国	钦南区城内二巷97号
6	申葆藩旧居	民国	钦南区龙门港镇东村码头的兴隆岭
7	高沙遗址	唐	钦南区久隆镇沙田村委高沙村
8	马蹓滩遗址	唐	钦南区久隆镇沙田村委下东坝村东南面钦江右岸
9	州官桥	清	钦南区白石湖公园西北角

第四节　平陆运河文化带建设面临的挑战

在平陆运河建设的过程中，诸多问题和挑战逐渐浮现。这些问题对运河文化带建设构成了阻碍，亟待引起重视并加以解决。部分历史遗迹和文化遗产由于缺乏专业的保护规划和科学的管理手段，正面临被破坏的风险。同时，平陆运河沿线有关文化部门和群众对文化遗产价值认识不足，在建设过程中未能充分考量并融合历史文脉与文化特色，致使文化断层与历史风貌丧失的问题日益严重。②

一、历史文化内涵挖掘不深与遗产文化展示不够全面

一是钦州历史文化内涵展现不足。据史料记载，钦州古称安州，后因

---

① 参见钦州市博物馆《钦州市第三次文物普查资料（内部资料）》。
② 王相芝，刘春芳.德州大运河文化经济带建设研究[J].理论纵横，2024（25）：145-148.

"钦顺之州"而更名为钦州,其建城历史长达1400多年。在漫长的历史变迁中,一些历史故事与人物事迹隐匿于大街小巷中。如今,钦州老街区仅留存清末至民国初年的部分记忆,较为古远的留存不多。二是遗产文化展示不够全面。当前开发的旅游产品类型多侧重于遗产的最基本价值或外在形式呈现,如钦州的采茶戏、海歌、"上刀山下火海"、海产品加工技艺、煮海制盐技艺等海洋非物质文化遗产的旅游开发往往只利用其艺术价值和审美价值,开发者过于注重游客的视听感受,却忽视了其历史文化价值和研究教育价值。[1]

二、文化保护与传承资金投入短缺

近年来,平陆运河沿线地区财政状况趋紧,在文化保护与传承资金投入普遍存在本级投入不足、资金筹措困难等问题,严重制约了文化保护和传承工作的顺利开展。许多濒临失传的非物质文化遗产缺乏有效的记录和抢救,已整理的非物质文化遗产资料也难以得到妥善保存,面临损毁和再次流失的风险。

三、文化保护与传承机构及队伍建设有待加强

一是历史与文化保护传承的管理职能部门不够清晰。以钦州为例,目前没有成立文物局。钦州市拥有430多万人,但在文体广电部门设立的文化产业科编制人员仅有1人,难以满足文化传承工作的实际需求。二是专业人员缺乏。从事文化保护与传承工作的管理人员及民俗学、文化学、社会学、历史学和人类学等专业人员严重不足,专业人才队伍的缺失对文化保护与传承工作的深入开展造成了阻碍。

---

[1] 高翔.广西北部湾地区海洋非物质文化遗产旅游开发研究[D].桂林:桂林理工大学,2017:28.

四、文化内涵挖掘不够深入，文旅产品不突出

对运河沿岸文化挖掘不够深入，文物遗址等历史文化资源大多失修已久，挖掘保护难度大，难以整合并发挥经济文化价值。特色文化转化为旅游产品的力度不够大，文化资源载体打造主要停留在节庆举办和旅游商品开发的初级层面，与文化创意、旅游演艺、现代科技等融合不够。

平陆运河沿线现有产品主要以休闲观光为主，旅游产品内容、形式、管理等方面创新不够足，开发利用不够充分，亮点不够多，旅游形象定位不够明确，个性不够鲜明，缺少过硬的旅游品牌，缺乏"个性名片"。同时，文化旅游资源开发的创新程度和整合力度不足，资源的融合性、包容性不强，缺乏高品位、高档次、精品化、特色化的拳头产品，如高品质的潮玩体验、自驾旅居、亲子研学、户外露营等旅游新产品新业态不多，难以满足游客日益多样化的旅游需求。

第五节 国内外运河文化带建设的经验与启示

2020年，习近平总书记在扬州运河三湾生态文化公园考察调研时强调："要把大运河文化遗产保护同生态保护提升、沿线名城名镇保护修复、文化旅游融合发展、运河航运转型提升统一起来，为大运河沿线区域经济社会发展、人民生活改善创造有利条件。"

一、国内外运河文化带建设的经验

（一）大运河文化带常州段建设经验

京杭大运河常州段总长45.8千米，其中世界遗产段长约23.4千米。该

区域遗产资源丰富，运河沿岸留存了大量人文遗迹、水工遗存和工业遗存。早在2015年，江苏省委、省政府便提出建设运河风光带的规划。对此，常州市积极响应并秉持水态、文态、生态、形态、业态"五位一体"的建设理念，整合各方力量，全面开展文物遗产保护、文化宣传、旅游资源开发等工作，致力于高质量推进大运河文化带常州段的建设。其主要经验如下。

一是强调绿色环保，构建生态运河。首先对现有运河河道进行整治和维护，通过引水等手段优化水质。其次，加快运河沿线城镇污水处理设施的建设进度，构建全面的生活垃圾治理体系，提升沿线生态环境品质。最后，政府坚持生态建设和保护性开发同步推进，倡导绿色发展、循环发展、低碳发展理念，推动平陆运河文化的传承与发展。① 二是提高民众参与度，打造民生运河。在大运河文化遗产保护过程中，常州市政府坚持广泛吸收民众智慧，鼓励民间组织、团体以及民众积极参与。在大运河文化研究工作中，始终坚持面向大众和基层，充分考虑群众在物质生活和精神文化方面的迫切需求和真实感受，致力于将大运河文化带打造成真正的民生工程和惠民工程。三是借助先进科技手段，深入挖掘与传播大运河文化价值。例如，推进大运河文化带智库项目，以及常州大运河文化带建设研究院举办的"名人文化、红色文化、工商文化"三大主题活动，这些举措都有助于挖掘大运河文化的深厚内蕴和独特魅力，将大运河塑造成一条充满人文气息的"魅力之河"。②

（二）荷兰运河城市文化遗产的保护与传承

荷兰地势低洼，近一半地区海拔低于海平面，这使得该国五分之一的国土为水域，许多城市形成了水系交错、水运贸易发达的城市风貌。长期抗洪防洪的经验让荷兰成为治水强国，同时，当地政府在水系城市文化遗

---

① 陈涛.高水平建设大运河文化带常州段[J].群众，2019（1）：49-50.
② 夷友勇.大运河文化带美丽乡村建设研究：以扬州宝应县为例[D].宜昌：三峡大学，2022：14.

产的保护和传承也积累了独特经验，其中北部拉邦省具有一定代表性。其主要措施如下。

一是科学合理编制防洪管理规划。尽可能对功能较为完好或受损程度不高的历史水利工程和建筑物进行修复，这在一定程度上能够节省防汛抗洪经费。二是强化沿岸城市政府部门之间的联动合作。各地沿岸城市政府协同制定了一系列充分体现历史遗产保护开发工作的规划，如土地开发、公共建筑和城市建设规划等。按照历史文化遗产的地域整体性和连续性来串联城乡建设，形成富有地方历史特色的城市集群。同时，加强对相关内容的宣传，增强大众对历史文化遗产的保护意识。三是积极参与各类历史遗产保护修缮项目。在保护和开发过程中，注重维护城乡整体风貌和生态环境的质量，从根本上促进娱乐业、旅游业的发展和遗产价值的提升。[①]

二、国内外运河文化带建设对平陆运河的启示

一是打造特色文化品牌。钦州市应着力打造海豚文化、三娘湾、六峰山、五皇山、钦江入海口等山海文化品牌。充分利用优质的海岛、海滩、海浪、平陆运河钦江入海口等海洋景观，塑造独特的江海河山文化品牌。尤其是随着平陆运河建设的加快推进，钦州市需统筹运河两岸到钦江入海口的文化旅游产业规划，将航海通道、游轮码头、游客集散地、观景长廊、钦江两岸的农业观光带、生态农庄体验区进行统一规划。[②] 二是重视文化遗产的保护与管理。立足平陆运河自身遗产现状，在梳理文物价值的基础上，重视其精神价值和管理价值。加强多部门的协调管理，鼓励文化遗产融入大众日常生活，通过多种途径加大公众参与力度，并制定专门法律法规，以促进和保障规划管理的有效实施。三是注重挖掘沿线历史文化资源。平陆运河文化带建设应依托自身资源禀赋和交通优势，打破横州

[①] 夷友勇.大运河文化带美丽乡村建设研究：以扬州宝应县为例[D].宜昌：三峡大学，2022：17.

[②] 倪文豪.广西北部湾海洋文化产业发展策略研究[J].商业经济，2024（5）：86-88，96.

市和钦州市的区域壁垒，注重挖掘平陆运河沿线的历史文化资源，如通过建设平陆运河遗产博物馆，举办平陆运河文化节、运河非物质文化遗产传承节、平陆运河文创节、平陆运河学术研讨会、平陆运河沿线摄影展等活动，促进平陆运河文化带走向大众，提高公众的参与度，促进文化带建设的落地和可持续性。①

第六节 加快平陆运河文化带建设的对策

随着我国大运河文化带的不断发展，运河文化带建设已成为社会关注的热点，这对推动构建平陆运河文化带具有促进作用。② 推进平陆运河文化带建设，需深刻领会习近平总书记的重要指示精神，将其落实到构建平陆运河文化带中，高水平规划建设平陆运河文化带，协调平陆运河沿线镇（村）打造运河文化带，推进运河沿线20个镇（街道）的文化保护与传承，推动运河沿线的经济文化发展，向全国、向东盟、向世界讲好广西故事，讲好广西运河故事。

一、平陆运河文化带建设的基本原则

保护优先原则。平陆运河沿线镇（村）文化是运河文化带保护的关键。在推进乡村发展与平陆运河文化带建设进程中，必须坚守"保护优先"的原则，全力维护平陆运河文化的完整性和原真性。

注重创新原则。建设平陆运河文化带时，需结合新时代壮美广西特色和横州市、钦州市的地方实际，对平陆运河文化进行创造性转化和创新性

---

① 贾革新.大运河河南段文化带建设策略[J].绿色科技，2019（21）：225-227.
② 吴小玲.平陆运河文化带与历史文化遗产活化传承研究[J].北部湾大学学报，2024，39（3）：34-42.

发展。充分发挥互联网优势，将数字化融入平陆运河文化传承，借助"智慧运河"App，以数字化方式生动呈现运河文化于手机客户端，既通过数字化存储保护运河文化资源，又能让群众亲近运河、了解运河，[①] 打造出活力与特色兼具的平陆运河文化带。

城乡协同进步原则。平陆运河沿线镇村文化基础设施建设相对薄弱，需不断完善运河沿线道路交通、卫生、日常生活等领域基础设施，为运河文化带筑牢根基。在生态文明建设方面，坚持人与自然和谐共生理念，倡导开展平陆运河沿线的生态乡村和绿色田园建设。在运河文化传承上，强调平陆运河文化带沿线镇村在公共文化服务层面与城市紧密对接融合，增强运河公共文化服务体系供给能力和服务水平，赓续运河文脉。

规划先行原则。以平陆运河建设为契机，编制并完善"平陆运河沿岸文化旅游业发展规划""平陆运河沿岸历史文化遗产保护开发规划""平陆运河沿岸文化旅游设施建设规划""平陆运河沿岸生态文化旅游资源保护开发规划"。

政府作用与其他力量相结合原则。运河文化带建设是一项复杂艰巨的系统工程，单靠碎片化举措或者仅靠政府力量难以有效推进。因此，需建立协同建设机制，实现广西壮族自治区内不同城市之间以及城市不同部门之间的协同、政府与企事业单位和社会组织之间的协同、法律与行政手段和市场手段之间的协同，从而凝聚共建运河文化带的社会合力。[②]

二、联通平陆运河古今，塑造文化品牌

（一）讲好运河故事

平陆运河是我国自京杭大运河后一千多年来的第一条运河，也是中华

[①] 吕甜甜.大运河文化带建设与乡村振兴融合探析：以宿迁市为例[J].文化产业，2023（2）：141–143.

[②] 黄杰.高质量推进江苏大运河文化带建设[J].唯实，2018（11）：64–67.

人民共和国成立以来的首条运河，更是广西各族人民期盼了百余年的成果，其本身就蕴含着深厚的文化气息与精神魅力。应组建专业团队开展系统调研，将钦州丰富的历史文化资源与平陆运河紧密相连，把优质资源转化为精彩故事，共同打造具有钦州特色的本土化文化品牌。

（二）挖掘钦州千年历史文化

考古先行，夯实文旅资源保护根基。以平陆运河建设为契机，与自治区文物保护和考古研究所协同合作，全面开展平陆运河沿线文化遗存考古勘探工作。通过专业的考古技术与严谨的勘探流程，详细梳理沿线文化遗迹，最终形成平陆运河钦州段不可移动文物一览表和分布图。这些基础资料将为后续沿线文旅资源普查和保护规划提供坚实的数据支撑，确保文化遗迹在开发利用过程中得到妥善保护。

景区打造，点亮运河文旅新名片。凭借平陆运河在钦州穿城而过的独特地理优势，将钦州市区段打造成一个充满灵动气息、兼具古韵新生的特色景区。深入挖掘"千年商埠"的深厚文化底蕴，以生动的场景再现钦州历史商贸活动的繁荣。改造修缮钦州市坭兴工艺厂（一桥头），并与博易场片区联合开发，使之成为钦州乃至广西的文旅消费集聚区。在景区内合理设置游船启航点，吸引游客聚集。游船航线沿市区钦江段至青年枢纽往返，航行中介绍钦州历史文化，讲述历史运河、文化运河、烟火运河的故事。此外，要重视对久隆镇东坝村钦江县古城遗址、旧州镇钦州古城遗址、陆屋镇广府会馆等平陆运河沿线遗址遗迹的保护与开发，科学规划建设一批历史文化遗址公园、考古遗址公园，让游客在游玩中感受历史的厚重与文化的魅力。

老街活化与博易场重塑，探索文化资源开发利用新路径。推进钦州老街文化保护活化利用，融入坭兴陶制作体验、艺术工坊、民宿、文创集市、农产品销售、特色美食、茶馆小吃、戏剧表演等多元业态，深度融合文旅商，全力打造文化休闲旅游度假胜地。在平南古渡东岸，依照宋代建筑风格精心规划建设博易场遗迹公园，重现昔日商贸繁荣景象，让游客沉浸式感受历史韵味。

文化融入与历史资源盘活。将坭兴陶文化、海丝文化、古城文化、地方民俗和节庆文化等非物质文化遗产，以及历史文化名镇名村、历史建筑、历史地名、传统村落、名人名居等人文资源，全方位融入城市规划建设和旅游发展，塑造独特的城市文化标识。持续盘活钦州老街、平南古渡、博易场、宋城遗址等历史资源，借助运河渡口游船往来的聚集效应，重现千年商埠的繁荣盛景。同时，充分发挥历史名人效应，以刘永福、冯子材、宁长真、冯敏昌、苏三娘等名人故事为依托，为平陆运河的文旅发展注入精神价值传承，丰富文旅内涵，吸引更多游客探寻历史、感受文化魅力。

（三）运河文化与非遗保护相融合

以"旅游+非遗"模式，将非遗资源植入运河旅游。设计推出特色"平陆运河非遗之旅精品路线"，整合运河沿岸非遗资源，提升旅游文化品质，为平陆运河文旅品牌增添非遗要素。

在平陆运河的关键空间节点上创建非遗传承交流研习基地和文创产业园，打造特色非遗工坊、非遗表演平台、非遗体验驿站、非遗文创集市等文化消费场景，让游客在旅游的同时，投入非遗体验、研习和传承，实现深度体验旅游。参考漓江、柳江等地成功经验，打造运河游船游览观光区域，整合沿岸的文化旅游资源并推出具有地域文化特色的主题游线，通过水岸双线游览方式，提供品质化的、内容丰富的运河游船休闲观光游览体验。以文化加持夜游经济，将运河文化、民俗文化、美丽夜景及非遗演艺等有机结合，延长游客停留时间，打造具有钦州特质的消费圈。

打造坭兴陶非遗保护中心。坭兴陶是钦州的城市名片，也是国家级非物质文化遗产。建议以钦江古龙窑为重点，以点带面，推进坭兴陶发源地缸瓦窑村非遗项目开发，打造坭兴陶非遗文化保护区、坭兴陶特色小镇等。同时，升级创建"坭兴陶国家级文化产业园"，将规划扩延到缸瓦窑村片区，打造集文化创意、旅游、购物、休闲、餐饮、娱乐等多种综合功能于一体的城市综合体。

（四）将运河文化融入城市建设

运河文化是城市发展的重要标志，城市文化的发展和研究对城市的发展意义重大。挖掘平陆运河沿岸文化，可极大提升钦州滨海运河城市的文化底蕴。随着平陆运河的开工建设，每天有两万多来自不同地区、不同文化背景的工人在工地工作，在与当地群众的交流互动中为他们带来了多元文化体验。

依托平陆运河工程建设，以运河钦州段为核心轴线，以平陆运河水体为主体，整合钦州特色资源，重塑钦江"一江两岸"城市风貌和景观，打造彰显运河特色的宜居宜游城市品质。在适当位置建设滨水公园，建造水上廊道、观景平台、戏水区等水上建筑，满足市民、游客对滨水景观亲水性、趣味性的需求。将历史文化建筑、宣传栏、文化长廊等建筑设施，以及休闲座椅、垃圾桶、健身器材、景观小品种的植物等公共设施与钦州地域文化符号结合，打造出独具特色的"一步一景"，让人们在休闲旅游的过程中，深入了解钦州的丰富文化。以运河为依托，整合桥梁、堤岸、景观及沿江楼体等元素，构建城市级互动式全沉浸水岸灯光秀。

三、打造平陆运河桥梁展示长廊和建设运河博物馆

中国是桥文化的发源地，素有"桥的国度"之称，桥文化兴盛于宋朝。从古至今，中华民族创造了许多世界桥梁史上的创举，充分显示了中国人民的非凡智慧和艺术创造力。建议对平陆运河沿线桥梁进行统一规划设计，结合其所在区位、地形特点设计成各具特色的样子，展示出形式多样的文化特色，让钦州"运河之都"的名号更加响亮。

钦州市应借鉴京杭大运河沿线博物馆的建设管理经验，建设平陆运河博物馆，打造一座国家级标准的大型博物馆，全方位、多角度地展示平陆运河的自然特性和人文精华，使之成为一座集知识、文化、艺术、旅游等

多功能于一体的综合性运河文化展示中心和钦州文化新地标,为广大市民和游客提供一个了解、欣赏、体验运河文化的好去处。在这里,外地游客可以深入了解平陆运河的发展历程,感受运河文化的独特魅力。

四、发展平陆运河沿线地方传统文化

在平陆运河钦州段,依托钦州故城遗址及灵山跳岭头、烟墩大鼓、灵山傩面具等非物质文化遗产资源,整合挖掘平陆运河沿线自然和旅游资源,打造旧州隋唐文化城、灵山万亩茶园、烟墩烟霞山旅游景区、烟墩大鼓民俗传承基地等一批农文旅景点,培育一批全区、全国乃至世界级的运河文化旅游品牌,形成具有区域影响力的平陆运河文化旅游带。加快建设平陆运河博物馆、考古遗址公园等文化基础设施,以文为脉,以水为魂,努力打造平陆运河文化旅游区。

注重建设平陆运河齐白石旅游码头。著名画家齐白石的诗句"为口不辞劳跋涉,愿风吹我到钦州",尤为各地喜欢吃钦州荔枝的人们所熟知。齐白石"五出五归"远游中,有三次以钦州为目的地。1909年第三次旅居钦州后返程时,曾乘船沿钦江溯流而上,途经钦州久隆、平吉、陆屋、沙坪等平陆运河沿线乡镇和村庄,以及西江主航道贵县(今贵港)、梧州等地,一路采风作画。在久隆、平吉、陆屋、沙坪等沿线旅游码头建设齐白石观景台,将平陆运河齐白石文化旅游线路申报成为广西研学旅行精品路线。

横州市段则以民俗传统文化为主轴,大力推动伏波庙会、茉莉花文化节、三相圩逢、壮族圩逢、灵竹圩逢、舞龙、舞狮、舞白鹤、岭头节等独具特色的传统民间节庆活动,秉承"保护好、传承好、利用好"的初衷,连点成面,协调配合,打造乡村文明、发展乡村旅游、推动乡村振兴,提高民俗传统文化的经济和社会功能,实现区域融合互通发展。

五、打造历史文化研学游新业态

如上所述，平陆运河沿线拥有丰富的历史文化旅游资源，因此，应坚持"以文塑旅、以旅彰文"的原则，以党性教育、红色培训、研学旅行为重点，提升景区景点品质，丰富产品业态，增强旅游体验。一是深入挖掘历史文化资源，推进文化遗址的价值重塑与传播工作。二是强化对现有红色资源的保护和管理，广泛开展整理、编辑、造册。对运河规范范围内需要迁移的革命遗址和文物古迹，予以重点保护，做好红色文化数字档案馆建设。三是加大对革命遗址的保护。建议对年久失修的革命遗址进行必要的、及时的修缮和保护性建设。

第十章　平陆运河与供水保障体系研究

水是人类生存不可或缺的要素，水资源是经济社会发展不可替代的资源。[①] 如今，平陆运河的开工建设为地区发展带来了新契机，同时也引发了一系列值得注意的问题。其中，运河沿线供水安全问题尤为关键。杨盛、周小燕（2022）在《以高质量环评引领平陆运河高质量建设》一文中提到，平陆运河的建设运营极有可能对沿线地区的供水产生影响。这一潜在影响，不仅关乎民生，更关系到整个区域的可持续发展。基于这样的背景，本研究将深入剖析平陆运河沿线的供水保障体系，重点聚焦于如何保障沿线供水安全，旨在通过全面、系统的分析，为推动运河沿线经济社会发展、强化水资源保护以及推进生态治理等工作提供有力的理论支持与实践指导。

第一节　运河沿线供水保障现状

一、河流水系基本情况

平陆运河主要涉及郁江支流沙坪河、钦江及其支流旧州江。平陆运河

[①] 庞爱萍，李春晖.漳卫南运河水资源与水环境存在问题及管理对策[J].海河水利，2008（3）：3-7.

航运需水量总体由马道梯级枢纽控制。据有关部门科学估算，2035年日均需水24立方米/秒，年均需水7.06亿立方米。2050年日均需水40立方米/秒，年均需水11.77亿立方米。

郁江流域面积为89375平方千米，其中在中国境内流域面积77778平方千米（广西有68055平方千米，云南有9723平方千米），其余在越南境内。郁江干流长1152千米（广西境内1055千米），总落差1655米。郁江干流主要梯级有百色、金鸡滩、老口、西津、贵港、桂平等，其中西津电站坝址位于南宁市横州市境内，坝址以上集雨面积为77300平方千米，年平均径流量为504亿立方米。西津库区主要有沙坪河等支流汇入。

钦江发源于灵山县平山镇白牛岭，干流自东北向西南经灵山县的平山镇、佛子镇、灵城镇、那隆镇、三隆镇、陆屋镇，再经钦北区的青塘镇、平吉镇及钦南区的久隆镇流入钦州市城区。在钦南区尖山镇分成两叉，主干流向南经下南山，于尖山镇老围注入茅尾海。另一段称大榄江，先向西经大坪再折向西南，在尖山镇新围仔注入茅尾海。钦江流域面积为2326平方千米，干流长195千米。钦江干流下游有青年水闸，坝址集雨面积2140平方千米，年平均径流量为17.4亿立方米，正常蓄水水位8.5米。青年水闸是一座以灌溉、城市供水为主，兼有发电、航运等综合效益的水利工程，是钦州市生活和工业用水的主要水源点。

引郁入钦工程（即广西钦州市沿海工业园供水水源项目郁江调水工程），是一项连接郁江与钦江，并向钦江补水的重大工程。该工程于2000年3月开工，经过漫长的建设，于2020年10月正式通水。2020年12月，工程全面完工并通过验收。该工程的主要任务是向钦州沿海工业园提供远期供水，同时兼顾改善钦州市区的供水条件，以及解决沿岸农村人畜饮水、农田灌溉用水和环境用水问题。[①] 引郁入钦工程构成主要为引水隧洞10.6千米、钦江—大风江引水工程（分水道）6.6千米，设计调水规模20立方米/秒，平均年调水量2.68亿立方米。

---

① 罗献方,刘俊宏,申忠辉.预固结灌浆技术在郁江调水引水隧洞工程中的应用[J].企业科技与发展,2008（16）：170-172.

二、钦州市第二水源工程

钦州市第二水源工程（从屯六水库引水）是环北部湾广西水资源配置工程的子项之一，通过建设屯六水库至钦州城区的输水管道，解决钦州城区正常及应急用水问题，同时保障平陆运河工程建设期、运营期供水。该工程输水规模为5.04立方米/秒，其中沿线乡镇供水0.51立方米/秒，钦州城区供水4.53立方米/秒。总投资16.9亿元，2022年开工，2024年已建成。

三、环北部湾广西水资源配置分析

2023年3月19日环北部湾广西水资源配置工程建设用地预审获批复，被列入《中华人民共和国国民经济和社会发展第十四个五年规划和2035年远景目标纲要》，[①] 项目总投资298.25亿元。该工程主要建设内容包括新建输水工程线路，总长491.94千米，其中输水隧洞167.36千米、输水管道306.87千米；建设泵站9座，泵站总装机容量79.57兆瓦，设计流量合计75.5米/秒，总工期72个月。工程建设按供水区域共划分为三个供水片，分别为郁江钦南供水片、郁江玉北供水片、郁江宾阳供水片，供水范围涉及南宁、钦州、北海、防城港、玉林5市17县，覆盖人口约2000万人。工程建成后，可优化区域水资源配置格局，进一步保障生产生活用水安全，维护河湖生态环境，系统解决广西环北部湾城市水资源承载能力与经济发展布局不匹配问题，有效缓解区域缺水形势。

环北部湾广西水资源配置工程（一期）建设征地范围涉及：南宁市兴宁区五塘镇、昆仑镇，青秀区伶俐镇、长塘镇，宾阳县宾州镇、大桥镇、中华镇、王灵镇、武陵镇、新桥镇、黎塘镇、陈平镇，横州市那阳镇、南乡镇；北海市银海区平阳镇、福成镇，铁山港区南康镇、兴港镇，合浦县

[①] 梁全明，杨利福.平陆运河对沿线饮水安全的影响及对策[J].广西水利水电，2023（2）：37–42.

廉州镇、闸口镇、公馆镇、白沙镇、石康镇、曲樟乡、国营山口林场；钦州市灵山县灵城街道、丰塘镇、平山镇、石塘镇、佛子镇，浦北县小江街道、三合镇、福旺镇、寨圩镇、六硍镇、官垌镇；玉林市福绵区福绵镇、成均镇、樟木镇、新桥镇、沙田镇、陆川县温泉镇、大桥镇，博白县博白镇、径口镇、三滩镇、亚山镇、双旺镇、松旺镇、龙潭镇，兴业县大平山镇、石南镇；广西国有高峰林场，广西国有六万林场，广西农垦东湖农场、三合口农场、前卫农场、白平农场。工程占地范围根据工程施工总布置图确定，具体范围由工程项目法人设置界桩，以界桩为准。

四、"两横八纵"水网格局

2022年发布的《广西壮族自治区级水网先导区建设实施方案》着重完善防洪减灾体系，提升水资源调配能力，优化水生态保护和治理格局，构建"两横八纵、六河连通，引补相济、调蓄结合"的主骨架，并与国家骨干网、市县网实现互联互通，形成全新的广西水网格局。

"两横"为西江干流、郁江干流两条横向分布的自然河流水系。"八纵"为柳江、桂江、贺江、北流河、南流江、钦江、防城河、湘江8条纵向分布的自然河流水系，具有行洪、输水、生态等综合功能。"六河连通"，是指实现西江—郁江、郁江—南流江、郁江—钦江、湘江—桂江、柳江—桂江、南流江—北流河6条骨干输配水通道的有效贯通。"引补相济"是以"两横八纵、六河连通"广西水网主骨架为纲，新建乐滩灌区、百色水库灌区、驮英灌区、大藤峡灌区、龙云灌区等大型灌区以及部分中型现代化灌区，由引补水工程形成连通供水管道、灌溉渠道，实现联网、补网、强链，织密广西水网之"目"。"调蓄结合"是以大藤峡水库、龙滩水库、乐滩水库、百色水库等现有的蓄水工程和长塘水库、洋溪水利枢纽、那垌水库等新建蓄水工程为水流调配节点，利用河库连通增加水资源丰枯调剂能力，结合河流水系泄洪通道，实现蓄泄兼筹，优化完善流域防洪体系布局。①

广西水网先导区建设实施期为2023—2027年。通过先导区建设，联网补网强链，形成广西现代水网新格局，保障壮乡供水安全，巩固南方生态屏障。

第二节　平陆运河沿线供水保障面临的挑战

一、平陆运河建设期间对沿线供水的挑战

（一）平陆运河建设对水源地的影响

平陆运河建设涉及钦州市6个饮用水水源地。1个是向钦州市城区供水的钦江水源地，其余是5个镇级水源地，分别为灵山沙坪镇、旧州镇、陆屋镇，钦北区平吉镇，钦南区久隆镇水源地。除灵山县陆屋镇水源地为规划水源地外，其余水源地均为在用水源地。运河途经沙坪河段和钦江干流河段有6处饮用水保护区，在运河建设期间，运河开挖、拓宽等工程，以及航道整治活动如疏浚、裁弯取直等，会剧烈扰动河床沉积物，产生大量悬浮物，由此对水源地水质造成严重影响。一旦发生极端天气和各类突发事件，导致现有水源供水能力不足或完全不能供水，则钦州市城区将面临无水可用的严峻问题，直接影响到人民群众的饮水安全，影响到社会稳定和经济社会的可持续性发展。

（二）平陆运河建设对原有生态影响

平陆运河建设施工期内，修建航运枢纽和进行航道整治已成为常见的水利工程措施。然而，这些活动对钦江河道原有的水动力条件产生了显著

---

① 周映，骆远柱.我区构建"两横八纵"现代水网新格局[N].广西日报，2022-12-09（5）.

影响。首先，修建航运枢纽和裁弯取直等措施会改变河道的流速、流量和流态。这些改变不仅将河流从自然流态转变为湖库形态，还对钦州市饮用水源保护区的水文情势产生了深远影响。[①]

（三）平陆运河建设对灌溉的影响

平陆运河施工期间，需要拆除现有的青年水闸，上移新建青年枢纽。青年水闸东西干渠过去曾承担下游约3万亩农田的灌溉任务，由此可能影响下游农田灌溉用水需求。因此，应明确新闸建成蓄水前，保留现有青年水闸及东西干渠进水口，直到青年枢纽及东西干渠进水口重建完成再作拆除。同时，对运河沿线的灌溉取水口也应予考虑替代方案，确保正常发挥灌溉作用。

（四）平陆运河建设对防洪排涝的影响

根据《广西钦州市城市防洪排涝规划报告》《广西北部湾经济区沿海重点海堤建设规划报告》《钦州市钦江整治规划报告》等规划文件，平陆运河沿线灵山县、钦北区、钦南区、钦州城区实施建设了一批防洪排涝工程，如灵山县、钦北区、钦南区的中小河流治理工程（10年一遇防洪标准），钦州城区的防洪堤（50年一遇防洪标准）、排涝闸（50年一遇自排标准）、排涝泵站（20年一遇抽排标准），钦南区的海堤工程（20年一遇防洪标准）。平陆运河建设施工过程中会损毁沿线防洪排涝设施，并新建一批防洪排涝设施，有助于提升防洪排涝能力。

[①] 梁全明，杨利福.平陆运河对沿线饮水安全的影响及对策[J].广西水利水电，2023（2）：37–42.

二、平陆运河运营期间对沿线供水的挑战

（一）平陆运河运营期间运输物品对水源的影响

平陆运河在运营期间，主要运输货物为煤炭、矿石、水泥、集装箱等。据了解，运河投运后危化品运量每年有200万—300万吨，每天有成千上万吨的危化品通过钦江运输，对钦州城区唯一的现用饮用水源（钦江）无疑存有重大的安全风险。若发生船舶溢油、矿物质或者危险化学品泄漏事故，将对水源地产生重大影响。

（二）平陆运河运营期间水资源环境更趋紧张

平陆运河的初始即上游河段只是西津库区的一条小支流——平塘江，水流量很小。现在开挖平陆运河需要通过三个梯级船闸将西津库区的水提升到钦江上游，再顺钦江自然流至北部湾，需要很大的水资源量保障。西津库区平均水深11.8米，总库容量14亿立方米，有效库容量6亿立方米。按照平陆运河建设规划，需要从郁江调入水源补充，而郁江的水流量也非常有限，丰枯期水量不均，水资源供需矛盾比较突出。郁江（邕江段）年径流量400多亿立方米，多年平均1550立方米/秒。枯水期最低纪录只有115立方米/秒，在枯水期保证5000吨级船舶通过运河航道将更为紧张。平陆运河建成后，西江干流航道仍然正常通航运行，目前西津水利枢纽在原1000吨级一线船闸的右侧新建1座3000吨级二线船闸，建成后上游下行的货运量将剧增，对水资源要求更大。

同时，根据规划建设平陆运河灌区，主要涉及钦州市灵山县、钦北区、钦南区，总灌溉面积约为65万亩，平陆运河的水资源利用将更趋紧张。如果没有新的外来水源调剂调入补充，平陆运河的河道自净能力和环境容量都将受到明显的影响。

第三节　加强运河沿线供水保障体系的对策

为把平陆运河建设成为"河畅、水清、堤固、岸绿、景美"的运河，需坚定不移用"节水优先、空间均衡、系统治理、两手发力"的治水思路去指导实践，积极谋划构建平陆运河供水保障体系。[①]

一、推动平陆运河配套水利项目建设

（一）调增钦州市第二水源工程（屯六水库引水）引水规模

钦州市第二水源工程（屯六水库引水）被列入环北部湾广西水资源配置一期工程后，根据《自治区水利厅办公室关于印发风亭河（屯六）水库水量分配方案报告的通知》（水资源〔2019〕27号），自治区水利厅批准从屯六水库分配给钦州市2.55立方米/秒的水量标准。由于2019年平陆运河没有启动建设，水量分配时没有考虑到平陆运河施工和运行期间突发水污染事件时钦州城区的供水需求。因此，要推动原设计方案统一调增从那板水库、风亭河（屯六）水库分配给钦州的水量份额至4.5立方米/秒，将调增引水规模所增加的投资纳入平陆运河工程投资。

（二）保障沿途镇村及钦州城区用水需求

平陆运河项目途经钦州市6个水源地，工程施工和运行期间必将给钦州城区和沿线乡镇数十万人民群众的生活水源带来不可忽视的安全风险。因此，要规划落地沿平陆运河双管供水保障方案，要求平陆运河建设方沿

[①] 李国英.为以中国式现代化全面推进中华民族伟大复兴提供有力的水安全保障[N].人民日报，2023-07-26（11）.

运河铺设两条封闭管道输送原水到沿线镇村及钦州城区，作为沿线镇村及钦州城区的备用水源。

（三）争取王仙湾水库工程纳入国家级专项规划

大寺江因降水充沛、自然条件优越而被选定为建设王仙湾大型水库的地址，非常适宜成库。将钦州城区原本依赖江河的供水水源转变为水库供水，既能有效优化供水水质，又能显著提升城市供水的安全性和稳定性。按照钦州市城区总体规划所设定的发展方向，经专业预测，到2030年，钦州市城区以及自贸区每日用水量将攀升至170万立方米，而王仙湾水库建成后预计每日供水能力可达50万立方米以上，通过与其他水源协同调度，能全方位满足钦州市城区在2030年的用水需求，从根本上化解平陆运河建成后钦州可能面临的供水安全隐患。基于此，应全力推动将王仙湾水库工程列入环北部湾广西水资源配置工程重点项目以及国家专项规划，并加快建设进度，确保在平陆运河投入使用前竣工并投入运行十分必要，这不仅对保障钦州市供水安全、推动区域经济稳健发展意义重大，还能促进水资源在更大范围内的合理调配与高效利用，为区域的可持续发展提供有力支撑。

（四）规划建设平陆运河大型灌区

平陆运河除经过钦州钦灵大型灌区外，沿岸还经过多达21个小型灌溉区。考虑到运河建成后所形成的高水头，钦州市水利局应牵头规划建设1个超过50万亩的大型灌区。灌区范围涉及灵山县、钦北区、钦南区。灌区建成后可提升钦州的粮食安全保障水平，提高运河的水综合利用效益。

二、完善平陆运河水资源供水保障体系

在水运交通体系中，水源是运河的关键所在，是运河保持活力、发挥效益的核心要素。以平陆运河为例，要确保其航运水量充足，维持正常通

航,同时满足运河沿线经济社会发展的多样需求,契合民众对健康水生态环境的期待,一套科学、全面的水资源保障方案不可或缺。

面对当前水资源状况,"开源"与"节流"协同推进是解决问题的关键思路。应秉持分类处理、稳步推进的原则,逐步攻克水资源短缺难题,力求实现平陆运河枯水期水源稳定。

"节流"方面,加强环北部湾水资源联合调度管理至关重要。依托大藤峡、龙滩、飞来峡、百色水库枢纽等重要水利工程,通过协同调度,能有效减轻平陆运河引水对下游的不利影响,充分满足运河航运的水量需求。这种联合调度模式,犹如为水资源调配赋予智能调控能力,让水资源依据不同区域和需求精准分配,防止因不合理引水导致下游用水紧张。

从"开源"来看,结合广西用水安全保障"十四五"规划,积极构建从西江上游郁江至钦江的跨流域调水协商机制。跨流域调水是解决水资源空间分布不均的有效手段,通过建立协商机制,可从根本上解决从西江上游郁江引水至钦江的问题,为平陆运河补充新水源,保证其水量稳定。

加大战略储备水源和城市应急备用水源工程建设力度,也是"开源"的重要部分。战略储备水源如同城市的应急供水储备,在遭遇干旱、突发水污染等极端情况时,能及时为城市供水提供支持,保障城市正常运转。城市应急备用水源工程则是保障居民安全饮水的最后防线,可确保居民生活在特殊时期不受严重影响。

在条件适宜的地区,大力推进城乡供水一体化和农村供水规模化项目,让更多居民用上优质稳定的水源,提高水资源利用效率。在其他地区,根据当地实际,规范建设改造一批小型供水工程,因地制宜解决用水难题,实现水资源的高效利用。

平陆运河水资源保障工作任重道远,充满挑战。只有将"开源"与"节流"深度融合,切实落实各项保障措施,才能满足平陆运河航运及沿线发展需求,打造健康宜居的水生态环境。

第十一章　平陆运河与气象服务保障研究

平陆运河航道地形复杂、气候多变，如有山区、丘陵、谷地和平原等，运河全线高边坡多，其中最高的边坡达到188米，航道工程施工建设容易受大雾、大风、暴雨洪涝等灾害性天气影响。自2022年8月开工以来，多次经历暴雨、雷暴大风等强对流天气带来的严峻考验。因此，强化运河沿线的气象监测预警服务能力建设和提升内河航运气象服务能力，越来越受到有关部门的高度重视。

第一节　加强平陆运河气象服务的重要意义

平陆运河航运以及航道作业的安全性，与气象条件紧密相关。大雾的突然弥漫、强对流天气的骤然来袭等气象灾害，极有可能引发沉船、桥吊翻覆以及雷击等严重事故。事故一旦发生，不仅会导致难以预估的经济损失，还可能造成惨重的人员伤亡。平陆运河建设周期长达5年，沿线气候状况复杂多变，极端天气时有发生。该区域台风活动频繁、降水丰富、汛期持续时间长且河流水量巨大，这些气候特征给施工过程中的防汛和导流工作带来诸多难题，极大地增加了施工难度与安全风险。因此，构建平陆运河及近海航运交通气象服务机制，加强气象服务保障显得尤为关键。精确的气象监测与预报，能够为运河建设施工提供科学合理的指导，有利于合理规划施工进度，有效避免气象灾害带来的不良影响。

一、气象服务保障有利于为平陆运河高质量建设护航

建立精细化气象服务，可为平陆运河建设在不同阶段、不同标段提供气象服务需求，并制定相应气象保障服务工作方案，为项目提供分标段、分时段、分灾种的精细化、定制化预报预警服务产品。为平陆运河建设期间的防灾减灾、安全度汛以及施工安排等提供更为精细、更有针对性的气象服务保障，高效助力优质工程建设。

二、气象服务保障有利于助力平陆运河建设跑出"加速度"

自治区气象局应强化省、市、县气象部门上下联动，通过数据接入形成数据共享；优化平陆运河流域气象观测站网，主动提供精细化气象服务，深度融入平陆运河建设，助力平陆运河建设跑出"加速度"。平陆运河全线工程土石方开挖总量3.39亿立方米，相当于三个三峡船闸的开挖量。如此巨大的土方工程，精细化气象服务保障可为施工单位提供土壤湿度，判断土方适合压实作业。如果土壤湿度过高，压实后的土方容易出现沉降等质量问题。据悉，钦州市气象局已成立气象保障专班，精准研判"气象窗口"，对平陆运河施工期间进行现场加密观测，提供一周天气预报8期、24小时预报5期和逐三小时滚动预报29期，有力地保障了提升工程建设。

第二节　平陆运河建设中的气象要素分析

平陆运河作为世纪工程，气象条件贯穿其建设全程。施工材料性能、

设备运行状态以及人员作业环境与安全，都受温度、降水、风速、湿度等气象要素的显著影响。高温影响混凝土凝固，强降水会引发积水与地质灾害，大风威胁高空作业安全。剖析气象要素、掌握其变化规律，对保障工程进度、质量与安全，提升建设科学性和前瞻性意义重大。

一、横州天气气候分析

平陆运河起点位于新福镇平塘村委江口村，运河在新福辖区内约12千米。新福镇位于横州市西南部，镇政府距首府南宁和钦州市均为80千米，属西津库区。新福镇属南亚热带季风气候，四季分明，气候温暖，雨热同季，雨量充沛，为横州市多降雨中心之一。如2021年横州市年平均气温22.3℃，较历年年平均气温偏高0.7℃，年最高气温36.5℃，最低气温5.1℃，高温日数较常年偏多14天。年降水量1350.1毫米，较历年平均偏少117.0毫米。全年出现5天暴雨日，以局地性暴雨为主，区域性暴雨天气过程3次。有2个台风影响横州市，较历年同期偏少。秋冬连旱偏重，10月份进入干旱少雨阶段，11月累计降水量10.0毫米，比历年同期平均值偏少98%。12月降水量为14.5毫米，较历年同期偏少46%。11—12月期间，最长连续无降水日数为19天。低温阴雨天气偏重，2月3日—18日期间，出现10天日平均气温小于等于12℃的低温阴雨天气。[①]

二、钦州天气气候分析

平陆运河钦州段位于北回归线以南，属南亚热带季风气候，受海洋性气候影响，也受大陆气团影响。主要特点是高温多雨，干湿分明，夏长冬短，季风盛行，夏秋之间台风和暴雨较为频繁。

---

① 市志办.2022年横州市概况[EB/OL].横州市人民政府网（2022-06-28）[2025-03-05].http：//www.gxhx.gov.cn/gk/hxgk/t5271573.html.

(一)暴雨洪涝

钦州市年均暴雨日数呈现南多北少的特点,一年12个月中都有可能出现暴雨天气(24小时降雨大于等于50毫米),但主要出现在4—9月,其中6—8月暴雨日数占全年暴雨日数的60%以上。

(二)台风

影响钦州市的热带气旋多发生在7—9月,占年影响总数的74%,其次是6月和10月,各占10.2%和10.9%。最早影响的热带气旋一般出现在5月中旬,最晚为11月中旬末。

(三)干旱

按干旱发生的季节划分,钦州市春旱、夏旱、秋旱和冬旱均有出现,且以春旱、秋旱对农业生产影响较大,冬旱出现频率最高。秋旱次之,夏旱出现最少。

(四)大风

大风对航运交通安全和水上、高空作业安全影响很大,是海上船只和作业人员发生安全事故的主要原因。钦州市的大风灾害主要有三种:一是寒潮和强风。这些强风通常发生在冬春季节,由强冷空气南下引起。二是台风环流和强风。夏季是台风的活跃期,台风带来的环流作用于大气,产生强风。三是短时雷暴大风。在春季和夏季,有强对流,容易导致短时雷暴大风。在计算强风天数时,该标准以一天内瞬时风速≥17米/秒(≥8级)为基础。这意味着,当风力达到一定程度时,它将被纳入强风天数的统计类别。[①] 近六年钦州年均大风日数为8.6日,最高达16天。强对流大风具有突发性、局地性强的特点,防范不及时易造成安全事故。

---

① 刘肇贵.广西的自然灾害[J].广西地方志,1996(5):44-46,48.

（五）大雾

钦州年平均雾日为9.8天，分布特点是从南到北由多到少，沿海地区为多雾区，年平均雾日达20天以上，对运河入海港口、船舶航运安全影响较大。钦州市出现雾日的高峰区在1—3月，3月份是一年中出现大雾天气最多的月份。

三、平陆运河出海口段气候和水文情况

平陆运河出海口近海段（沙井钦江大桥—钦州港），地处亚热带低纬度地区，属亚热带季风海洋性气候，季风环流明显。全年平均气温约21.9℃，气候宜人。夏季受西南涌浪影响，冬季受季风影响，对港口的航运安全和船舶运营提出了一定的挑战。此外，月全日潮约19—25天，全日潮不均现象明显，属于不规则全日潮。在冬季，波浪有很大的差异，流速也很快。上涨的潮水和下跌的潮水朝相反的方向流动，形成往复流动。[1]

第三节　平陆运河沿线主要气象风险和服务现状

平陆运河沿线地势起伏、气候多样，气象条件复杂多变，涵盖暴雨、大风、高温、雷电等多种气象要素，对工程建设影响深远。因此，本研究将围绕主要气象风险如洪涝、强风对施工安全和工程质量的威胁，全面梳理气象服务现状，包括现有监测网络、预报精度等，为平陆运河全面、有序、安全建设提供保障。

---

[1] 邓小富，王茂林，侯显斌.钦州港船舶海上原油过驳溢油风险分析[J].中国水运，2021，21（2）：8-9.

一、平陆运河沿线的主要气象风险

暴雨洪涝：一年12个月中都有可能出现暴雨天气，但主要出现在4—9月，其中6—8月暴雨日数占全年暴雨日数的60%以上。

台风：台风年平均个数约5个，多发生在7—9月；最早影响的台风出现在6月中旬，最晚为11月中旬末。

大风：年平均大风（8级以上）天数为9天，强对流大风具有突发性、局地性强的特点，防范不及时易造成安全事故。

雷电：年平均雷暴日数为95天，主要集中在4—9月，处于雷电高易发区。

大雾：平均出现大雾的日数达10天，而沿海地区可达20天以上，对运河入海港口、船舶航运安全影响较大。[1]

二、平陆运河沿线主要气象服务现状

2024年10月9日，自治区气象局与平陆运河集团有限公司签订框架合作协议，双方联合共建平陆运河气象中心，在气象监测预警、精细化气象服务、防灾减灾科技创新等方面开始全方位合作。气象部门在运河沿线加密建设观测设备，共建设40个多要素自动气象站，以及X波段雷达、通量塔、GPS水汽监测站等。同时，通过数据接入与分级共享，实现气象数据融入平陆运河数字孪生平台，全面提升平陆运河沿线灾害天气的捕捉能力。

钦州市气象局依托"广西海洋气象预报预警服务系统""广西台风实时监测预报评估系统""广西智能网格气象预报业务系统""广西短时临近预报一体化业务系统"等气象业务系统，重点开展海雾、海上大风、海上

---

[1] 陈剑飞，曾鹏，赵金彪，等.搭机制 建平台 强科研 精细气象服务护航平陆运河高质量建设[EB/OL].（2024-06-13）[2025-03-05].http://www.gxnews.com.cn/staticpages/20240613/newgx666ab692-21541002.shtml.

强对流等灾害性天气预报预警发布以及沿海产业专业气象服务。

此外，气象部门还与海事、应急、农业（渔业）、北部湾港务等部门、企业开展服务协作，建设海洋气象灾害防御联动机制。通过短信、微信等方式为涉海、应急、旅游等部门和海上养殖、危化品运输等企业提供海洋气象服务和海上灾害性天气预报、预警服务。根据涉海部门和涉海企业的特点和不同要求，有针对性地开展专业气象服务。例如，针对港口码头装卸要求，重点提供晴雨预报和灾害性天气预警服务。针对沿海化工企业雷电灾害防御和安全生产要求，重点提供雷电、强对流预报预警，高温、静电预报等专业气象服务。针对海事救援和旅游部门需求，重点提供海上大风精细化预报、突发灾害性天气预警等气象服务。

钦州市成立精细化气象预报服务创新团队、港口企业防雷专业一体化服务创新团队，为涉海部门和企业提供有针对性的气象保障服务。钦州市气象局已为中国石油、上海华谊、浙江恒逸等30多家落户钦州的石化企业提供海上原油运输、港口装卸、产品运输等各环节气象保障服务，为重大应急救援过程提供一对一驻场气象保障服务。

第四节 平陆运河建设气象服务保障面临的挑战

我国交通强国战略的实施和平陆运河建设的全面开工，对气象保障提出了更高的要求。一旦平陆运河建设完毕，航道物流运输将会快速发展，同时安全问题也随之而来，特别是航道区域内气象要素变化对航道船只通行带来的安全影响。[①]

---

① 蒋涌，魏威.重庆长江航道气象站供电系统研究[J].气象水文海洋仪器，2018（4）：18-20.

一、气象预警服务有待完善

一是气象综合监测能力存在不足。目前，钦州周围的城市南宁、玉林、北海、防城港共有4部新一代天气雷达，平陆运河沿线有13个区域自动气象站（其中多要素站5个）、4个雷电综合监测站。但观测站网布局仍有空白区，还不能完全适应服务需求，针对影响航运安全的风速、能见度观测站点少，真正能用于航道的观测站仍然非常少，难以有效探测航道周边的水面团雾、河谷突发大风、局地强对流等中小尺度高影响天气。二是气象预报的精准度有待提高。局地、突发性强降水的精细化预报能力亟待提高，致洪暴雨预报存在量级和落区精细度不够，预报时效较短。对流域暴雨产生机理尚不完全清晰，预报精准度仍不能满足现阶段流域气象保障需求。

二、气象服务合作机制有待完善

广西气象部门与交通部门、施工单位没有形成资源共建共治共享的格局，气象部门缺乏船只航行、港口作业、船舶进出港及港口作业安全等航运气象服务的具体需求，无法针对特定用户开展风险预报预警服务，因此亟须通过整合气象、船舶和港口地理信息等数据资源，为航道、港口提供分片区、分时段、分要素的监测预警服务，提升航道、港口、船舶、渔业及海上平台应对气象灾害的防御能力。平陆运河沿线迫切需要完善气象灾害会商、预报预警、信息发布、联防联控、应急协调等机制。[1]

三、极端天气影响平陆运河的正常通航能力

平陆运河竣工之后，暴雨、大风、浓雾等极端天气都有可能影响运河

---

[1] 熊红梅，田刚，张勤，等.交通强国背景下内河航运气象保障发展思考[J].中国水运，2021，21（8）：22-24.

的正常通航能力。例如，暴雨会使河水流量增加，导致运河水位上涨，影响船只的正常通行；大风也会影响船只的正常航行，影响航道的稳定性，增加船只发生碰撞的可能性。

第五节　平陆运河高质量发展气象服务保障对策

平陆运河从建设到最终投入使用，全程都与气象条件紧密相连。为实现平陆运河的高质量发展，亟需构建全方位、精准化的气象服务保障体系。

一、创新跨区域协同气象保障服务工作机制

大型流域治理需要全方位、多层次的协同。确保跨平陆运河运输的安全稳定，不能仅仅依靠市场调节和地方力量，而应将整个流域和航道视为一个有机整体，实施统一治理和规划，构建交通、公安、气象等部门协同作战的战略，以实现运河航运气象支持服务体系的统一规划和联合推广。气象和航运部门应沿平陆运河航道联合布局，构建航道立体化综合精密气象监测网络。各种气象观测设施包括浮标、电杆、塔架、铁塔等需逐步固定在运河航道和作业船只的布局上。推进相控阵天气雷达与风廓线雷达协同观测网络建设，实现航运气象观测站网络的社会化发展，为航运业提供更准确的气象数据支撑。制定航运气象观测设备校准技术规范，推进气象监测设备定标业务建设。建立航运气象监测设备多部门共建共享保护工作机制，推动设备保障社会化维护体系的实施。

建立平陆运河建设施工方与沿线航运部门、气象部门、水文部门有效的合作交流机制，健全重大气象灾害会商预报预警、信息发布、联防联控、应急协调机制，提升运河沿线各类观测数据、预报产品、服务产品等

的共享。通过共建机制，各部门共同参与气象灾害防控工作规划、实施和评估，从而更好地分析气象灾害的发展趋势。

二、提高平陆运河沿线的气象监测能力

完善平陆运河沿线观测站布局，加密观测空白区、薄弱区自动气象站建设，升级常规气象观测站观测设备，在平陆运河航道布设多要素自测站，增加风向风速、能见度仪观测密度。完善天气雷达观测网，完成X波段天气雷达技术升级。

（一）开展对灾害天气的数据分析

通过行业调查和文献检索，收集历年出现的对平陆运河及沿岸安全运行产生严重影响的强对流灾害历史数据，分析造成严重安全影响的强对流灾害特征，包括天气背景、下断面特征、雷暴大风、闪电密度、雨雾、影响时段、持续时长等。分析强对流灾害天气发生时航道运营及航运航行安全影响因子和由于灾害性天气带来的航路交通管制、应急预案、社会和经济损失等，建立航道灾害性天气风险普查数据库，实现对灾害性天气（强对流）时空分布特征、灾害个例查询、过程回放复盘分析。掌握平陆运河沿线建设施工、航运气象灾害隐患点和主要灾害类型、主要致灾气象因子及其致灾临界值。

（二）开展流域精细化降水预报业务

面向防汛精细化和服务定量化需求，细化平陆运河及其上游流域划分方案，开展平陆运河沿线精细化降水预报业务。基于气候背景特征和多源数值预报模型，建立一种基于无缝智能网格降水的流域降雨预报算法，该预测算法的乘积效率为7天，具有较高的预测精度，其时间分辨率为：0—24小时为1小时，24—72小时为3小时，72—168小时为6小时。这种高时间分辨率可以更准确地预测空中水情，为防汛水资源调度提供有

力支撑，为平陆运河防汛水资源规划提供有力保障。①

三、强化灾害性天气（强对流）预报技术研究

（一）开展强对流天气系统的监测与分析

开展分析不同下垫面对雷暴发生发展的影响研究，基于双偏振雷达水平与垂直偏振量的对比，对雷暴系统中的冰雹、大降水粒子等进行相态识别。采用双多普勒雷达三维风场反演技术，对双（或者多部）多普勒天气雷达的径向速度进行反演，提供对流降水系统风场的精细结构。

开展航道和港口强对流天气的临近（0—2小时）和短时（0—12小时）预报技术研究。基于雷达回波的识别、跟踪与外推，对0—2小时内的降水系统进行外推预报。根据雷暴系统强度演变特征，对其强度和演变进行临近预报。根据天气背景和系统的移动特征，提供不同时效的针对用户的强天气警戒区，便于用户重点关注强天气、及时警戒。对比0—2小时雷达外推和2—12小时数值天气预报（快速更新同化预报系统）的预报结果，采用权重融合技术，提供0—12小时精细化客观预报。

（二）开发航道灾害性天气（强对流）风险评估模型

基于平陆运河及沿岸灾害性天气风险普查工作，根据承载体特征，研究雷暴、大风、雨雾对航路安全的风险阈值。分析雷暴、大风、雨雾对不同承载体的影响。根据灾害性天气等级，对平陆运河及沿岸区域做出风险区划，基于人工神经网络技术，开发多因素综合影响下的航道灾害性天气（强对流）风险评估模型。

（三）开发气象灾害（强对流）风险预警平台

针对平陆运河及沿岸航运路线、船舶过闸等对灾害性天气（强对流）

---

① 黄彬.守江河安澜 护一方百姓[N].中国气象报，2023-07-13（2）.

的风险暴露和安全管理需求，融合平陆运河强对流预警短临预报技术和平陆运河灾害性天气风险评估模型，基于GIS、AIS、数据库、移动互联网技术，整合平陆运河及临近水域气象、水文在线监测、数值预报大数据资源，以电子地图为底图，叠加雷达回波、闪电监测数据、雷电落区预报和雷电概率预报、用户动态警戒区、单点时序图等信息，开发气象灾害（强对流）风险预警决策支持平台和灾害性天气（强对流）风险预警发布平台，做到与海事部门信息发布平台的无缝衔接，并开展针对平陆运河及沿岸的0—2小时、0—12小时短临预警预报业务产品的制作，实现基于风险评估模型对航道运营、船舶运输不同风险防控需求的风险阈值预报与发布，实现基于与航道互动反馈的灾害性天气（强对流）风险预警联动。

四、提升运河流域气象灾害应对能力

建立气象、水文、农林、水利、新闻媒体和各级政府职能部门参与的灾害预报、预警、监测和救援体系，完善各种应急预案，实施在线互动、综合评估和信息共享，确保政府命令畅通、反应迅速、保护有效，增强对自然灾害的预测、预警、防御和自救能力，最大限度地减少自然灾害造成的损失。

主要参考文献

[1]王遂社.平陆运河:西部又添入海大通道[J].西部大开发,2022(10):42-45.

[2]侯政,高劲松.从溯源的角度试析西部陆海新通道(平陆)运河的作用及其建设思路[J].大学教育,2022(4):264-266.

[3]高广传.西江航运与综合开发设想的介绍[J].人民珠江,1983(5):40-41.

[4]韦民翰.建设平陆运河对发电、供水灌溉等作用与效益的探讨[J].广西水利水电,1994(4):6-10.

[5]钱挹清.发展西江航运必须与水利水电工程相结合[J].人民珠江,1995(1):42-45.

[6]赖定荣.开发珠江航运资源服务大西南经济[J].珠江水运,1998(1):9-11.

[7]覃爱民.抓住新机遇,加快广西水运发展[J].珠江水运,2006(4):40-41.

[8]傅穗生,梁东琼.提升广西内河航道通过能力[J].中国水运,2008(1):36-37.

[9]黄灵勇.中国-东盟交通合作战略航运规划初探[J].西部交通科技,2008(5):109-112.

[10]彭永岸,曾昭权.钦州港的环境条件和开发设想[J].地域研究与开发,1993(4):25-28.

[11]欧柏清.钦州城区供水现状及水源规划[J].人民珠江,1996(6):42-43.

[12]黄荣胜,彭及桐.大枢纽：广西经济的重动力（十一）[J].计划与市场探索,2002(11):44-48.

[13]文冰.开发钦州湾：西江运河对钦州港的发展意义[J].中国港口,2003(5):32-33.

[14]吴龙章.整治和延长西江航道与珠三角经济发展的思考[J].钦州师范高等专科学校学报,2005(3):70-83.

[15]廖可阳.广西平陆运河通航资源开发与利用[C]//首届"苏浙闽粤桂沪"航海学会研讨论文集,2012:183-186.

[16]黄华文.加快西部陆海新通道钦州港出海枢纽建设[J].经济,2022(1):97-99.

[17]阮成武.钦州市助推平陆运河经济带高水平建设高质量发展研究[J].桂海论丛,2022(5):93-98.

[18]田德新,吴文非.中国大运河的名称变迁及其文化内涵的开放性研究[J].中国名城,2020(6):89-95.

[19]高关中.世界著名海运运河一览[J].百科知识,2021(16):66-72.

[20]姜师立.运河学的概念、内涵、研究方法及路径[J].中国名城,2018(7):71-79.

[21]葛剑雄.中国历史地理中的运河[J].江苏地方志,2021(4):30-33.

[22]李世泽,董大为,谢廷宇.平陆运河经济带产业高质量发展研究[J].桂海论丛,2023(1):43-50.

[23]王娜,郑孝芬."大运河文化带建设"背景下标志性文化研究：以大运河苏北段为例[J].淮阴工学院学报,2018(2):6-10.

[24]王永波.运河文化的运动规律及其启示[J].东南文化,2002(3):65-66.

[25]陈林玉;喻澜迪.西部陆海新通道建设下广西物流发展的思考[J].

财富生活，2020（2）：114-116.

[26]侯名芬.西部陆海新通道高质量建设视域下广西钦州港发展研究[J].中国西部，2021（5）：49-55.

[27]马正林.中国运河变迁的基本特点[J].陕西师大学报（哲学社会科学版），1978（2）：67-75.

[28]吕娟.中国大运河河道变迁基本脉络及历史作用[J].河北水利电力学院学报，2022（6）：1-7.

[29]薛伟，吴苏舒，丁国莹，等.对京杭运河航运建设和文化遗产保护协调发展的思考[J].水利经济，2013，31（4）：70-72，76.

[30]张玮，冯宏琳.关于京杭运河与长江航运发展的思考[J].综合运输，2005（1）：32-34.

[31]黄志军.京杭运河地理水文特性及对水运的影响[J].中国水运，2020（3）：171-172.

[32]张慧.隋唐大运河的历史价值与保护[J].炎黄地理，2023（2）：74-76.

[33]李云鹏.论浙东运河的水利特性[J].中国水利，2013（18）：58-59.

[34]李都安，赵炳清.历史时期灵渠水利工程功能变迁考[J].三峡论坛，2012（2）：14-19.

[35]褚之田，黄怀文.让古老的广西水运再创辉煌[J].珠江水运，1998（S1）：6-11.

[36]程玉海.中国大运河的形成、发展与繁荣[J].聊城大学学报（社会科学版），2008（3）：1-7.

[37]缪钟灵，王力峰，宗凤书.桂林三大古水利工程的历史功能及现状[J].桂林工学院学报，2003（4）：457-462.

[38]唐凌.论广西桂柳运河沿岸地区商业系统的空间结构[J].广西民族研究，2010（2）：142-147.

[39]陈晓洁.广西三大古运河的概况及历史意义[J].传承，2012（11）：

28-29，43.

[40]秦红增，杨琴.广西北部湾海上丝路古水运体系考述[J].文化遗产，2015（3）：5，151-156.

[41]梁志强，唐中克，韦韩韫，等.浅谈广西古今运河历史文化廊道建设：以平陆运河之"人文运河"建设为中心[J].广西地方志，2023（增刊）：5-10.

[42]谢升申.平陆运河对珠江三角洲压咸流量的影响分析[J].广西水利水电，2020（3）：21-24.

[43]徐俊锋，马殿光，于广年，等.赣粤、湘桂运河工程战略定位及必要性分析[J].中国水运，2020（8）：57-59.

[44]陈立生.构建湘桂向海经济走廊拓展发展新空间[J].当代广西，2021，（8）：12-13.

[45]杨锡安，贺柏武.湘桂运河建设正逢时[J].湖南交通科技，2010，36（1）：124-125.

[46]高成岩，赵凯，龙翔宇.赣粤运河水资源条件分析[J].水运工程，2022（S1）：135-138.

[47]张建民.知识经济与珠江未来[C]//中国造船工程学会·第九届全国内河船舶及航运技术学术交流会论文集，2004（11）：20-24.

[48]陈振春，谢凌峰.基于运量预测的赣粤运河开发综合效益[J].水利经济，2024，42（1）：50-56.

[49]程金来.基于Google earth软件的粤赣运河分水岭开挖新路线方案[J].珠江水运，2010（10）：32-34.

[50]钱俊君，卢毅.湘粤运河的战略价值和比较优势[J].长江技术经济，2021，5（3）：27-30.

[51]罗佐县，杨国丰."双碳"目标下我国氢能产业发展路线研判[J].当代石油石化，2022，30（1）：1-8，37.

[52]廖建峰.发挥海事专业优势 服务西部陆海新通道平陆运河建设[J].中国海事，2022（9）：19-21.

[53]翟丽.钦州港片区：冉冉升起的国际陆海门户港[J].中国外资，2021（7）：72-74.

[54]张倩."西部陆海新通道"战略下的广西北部湾经济区：机遇、挑战与对策[J].产业与科技论坛，2020，19（22）：20-21.

[55]冯基芳.海南自贸港建设背景下港口高质量发展的思考[J].今日海南，2021（9）：50-51.

[56]袁志彬.中国大运河经济带的产业选择与发展研究[J].区域与全球发展，2019，3（2）：94-103，157-158.

[57]尹继承."一带一路"背景下广西钦州"向海经济"发展路径研究[J].广西经济干部管理学院学报，2018，30（1）：1-5.

[58]林昆勇.平陆运河建设视角下的广西海洋强区建设路径研究[J].南宁职业技术学院学报，2024（1）：70-78.

[59]许露元.新发展阶段我国向海经济协调发展路径研究[J].国家治理，2022（3）：56-58.

[60]黄怡.平陆运河产业发展对策研究：参考三峡集团经济带建设经验[J].老字号品牌营销，2024（7）：133-135.

[61]李晓晟.京津冀协同推进大运河文化带建设的策略研究[J].衡水学院学报，2019（9）：38-42.

[62]吕梦倩.大运河（浙江）文化带建设研究[J].中国工程咨询，2017（11）：29-30.

[63]尹继承.发挥区域文化作用，促进钦州经济和社会发展[J].沿海企业与科技，2011（1）：74-76.

[64]童赪彤.海上丝绸之路语境下20世纪钦州坭兴陶的文化艺术特征研究[D].桂林：广西师范大学，2019：9.

[65]田心.广西钦州"海上丝绸之路"历史文化遗址考证及评析[J].钦州学院报，2017（2）：1-6.

[66]倪文豪.广西北部湾海洋文化产业发展策略研究[J].商业经济，2024（5）：86-88，96.

[67]贾革新.大运河河南段文化带建设策略[J].绿色科技,2019(21):225-227.

[68]吴小玲.平陆运河文化带与历史文化遗产活化传承研究[J].北部湾大学学报,2024(3):34-42.

[69]吕甜甜.大运河文化带建设与乡村振兴融合探析:以宿迁市为例[J].文化产业,2023(2):141-143.

[70]黄杰.高质量推进江苏大运河文化带建设[J].唯实,2018(11):64-67.

[71]左科举,尹继承,黎彩凤,等.共同富裕背景下创新"联农带农"机制推进平陆运河沿线农民增收路径研究[J].内蒙古科技与经济,2023(21):30-34.

[72]左科举,黄光耀,尹继承.共同富裕视域下的平陆运河乡村振兴示范带建设路径[J].广西糖业,2024,44(5):408-412.

[73]侯名芬.高质量推进西部陆海新通道骨干工程:平陆运河建设研究[J].市场论坛,2022(9):8-12,43.

[74]齐心,陈珏颖,刘合光.以新发展理念推进城乡融合发展:逻辑与路径[J].经济社会体制比较,2023(2):14-23.

[75]余道锋,韦立锋,林禧退.横县借力示范区建设全力打造广西现代特色农业强县[J].南国博览,2018(2):8-11.

[76]庞爱萍,李春晖.漳卫南运河水资源与水环境存在问题及管理对策[J].海河水利,2008(3):3-7.

[77]罗献方,刘俊宏,申忠辉.预固结灌浆技术在郁江调水引水隧洞工程中的应用[J].企业科技与发展,2008(16):170-172.

[78]梁全明,杨利福.平陆运河对沿线饮水安全的影响及对策[J].广西水利水电,2023(2):37-42.

[79]刘肇贵.广西的自然灾害[J].广西地方志,1996(5):44-46,48.

[80]邓小富,王茂林,侯显斌.钦州港船舶海上原油过驳溢油风险分析[J].中国水运,2021,21(2):8-9.

[81]蒋涌,魏威.重庆长江航道气象站供电系统研究[J].气象水文海洋仪器,2018(4):18-20.

[82]熊红梅,田刚,张勤,等.交通强国背景下内河航运气象保障发展思考[J].中国水运,2021(8):22-24.

[83]王先进.推进西部陆海新通道多式联运更高水平发展[J].中国政协,2023(24):40-41.

[84]唐英,李斌斌.综合交通运输体系下重庆铁路物流多式联运发展策略[J].铁道经济研究,2023(5):28-32.

[85]姚亚平.向海图强 共绘陆海通道新图景[J].中国远洋海运,2023(3):42-48.

[86]赵超,郑大庆,华宇晖.一河贯通八桂向海:写平陆运河开工建设一周年之际[N].广西日报,2023-08-28(1).

[87]蓝锋.凝心聚力只争朝夕[N].广西日报,2022-08-29(4).

[88]阮晓莹.给南宁带来一片海:南宁以平陆运河建设为契机加快建设港产城融合发展的滨海城市[N].南宁日报,2022-08-29(3).

[89]韩鑫.高铁时代,我们为何还要修运河?[N].人民日报,2024-11-14(12).

[90]刘江洁,王秋霞,黄梅.做好"内河和出海"两篇文章[N].中国交通报,2008-10-17(8).

[91]郑雅.前后两大提案绘出"黄金水道"蓝图[N].南宁日报,2009-01-14(10).

[92]龙巍,张植凡.一条运河承载百年愿景[N].中国水运报,2022-03-25(1).

[93]张小刚,朱勇.再造"灵渠"长江珠江大连通:"千里湘江话航运"之三[N].中国水运报,2006-12-18(2).

[94]李薇.人工运河,让沿河经济"心动不已"[N].中国水运报,2008-02-01(5).

[95]肖鑫.2035年前建成4座双线通航梯级枢纽[N].钦州日报,2021-

11-11（1）.

[96]周仕兴,王瑾雯,田时胜,等.看,平陆运河建设中满满的科技感[N].光明日报,2023-11-16（10）.

[97]蒙源谋,庞春妮,彭丽芳.砥砺奋进　协同创新[N].中国商报,2022-06-07（2）.

[98]王瑾雯,周仕兴.江海连通　共赢图强[N].光明日报,2023-08-29（10）.

[99]吴春江,齐蕊.平陆运河首个税收服务站在钦州挂牌成立[N].广西日报,2022-06-15（8）.

[100]吴丽萍.我区以产业融合推进文化旅游大发展[N].广西日报,2021-06-25（19）.

[101]童政."铁龙"驰骋向海奔忙[N].经济日报,2022-11-28（1）.

[102]储峰,扶建邦,王桂花.向海而生,向海而兴:广西北海发展向海经济的实践探索[N].学习时报,2024-12-30（2）.

[103]冯倩.加快建设黔粤水陆通道[N].贵州日报,2022-03-23（2）.

[104]赵慧,康安.通江达海向海图强的"世纪工程":广西高标准高质量建设平陆运河的实践探索[N].学习时报,2024-12-09（2）.

[105]陆燕,黄瑞深,许宁宁.向海图强春潮涌[N].钦州日报,2023-03-24（1）.

[106]苏政华,黄瑞深.钦州海洋治理经验获联合国推广[N].钦州日报,224-05-24（1）.

[107]黄有学,陈妮."赈"出效益　惠及民生:灵山县首创"平陆务工"以工代赈方式促进当地群众就业增收[N].钦州日报,2024-09-24（1）.

[108]矫阳,刘昊.西部陆海新通道骨干工程平陆运河开工建设[N].科技日报,2022-08-29（2）.

[109]周映,骆远柱.我区构建"两横八纵"现代水网新格局[N].广西日报,2022-12-09（5）.

[110]李国英.为以中国式现代化全面推进中华民族伟大复兴提供有力

的水安全保障[N].人民日报,2023-07-26(11).

[111]黄彬.守江河安澜 护一方百姓[N].中国气象报,2023-07-13(2).

[112]尹继承.谋定而动 加快推进钦州向海经济高质量发展[N].钦州日报,2023-01-31(2).

[113]陈贻泽,赵超,谭卓雯.项目建设大提速支撑能力大提升[N].广西日报,2023-12-16(9).

[114]陆燕,黄海志.建大港,在春天里澎湃[N].钦州日报,2022-02-22(1).

[115]高翔.广西北部湾地区海洋非物质文化遗产旅游开发研究[D].桂林:桂林理工大学,2017:22.

[116]秦建军.大运河沧州段文化遗产保护利用研究[D].武汉:华中师范大学,2020:19.

[117]夷友勇.大运河文化带美丽乡村建设研究:以扬州宝应县为例[D].宜昌:三峡大学,2022:14.

[118]曹梦卉.运河遗产廊道与沿线村庄发展策略研究:以大运河洛阳段及二里头村为例[D].郑州:郑州大学,2021:78.

[119]刘梅珠.珠江水系内河干线航道管理体制研究[D].大连:大连海事大学,2019:7.

[120]刘栋.跨域治理视角下京杭运河山东段水运问题与对策研究[D].济南:山东大学,2021:11-12.

[121]李尤健.广西向海经济与"西部陆海新通道"协同推进研究[D].南宁:广西大学,2021:9-10.

[122]贾飞.大运河山东段文化旅游开发研究[D].济南:山东师范大学,2018:11.

[123]郭荣男.大运河文化带苏州段产业发展研究[D].苏州:苏州科技大学,2019:9.

[124]穆鑫."一带一路"背景下广西向海经济发展对策研究[D].南宁:广西民族大学,2019:18.

[125]许俊鹏.江淮运河经济带产业生态化驱动因素与发展路径研究[D].合肥：安徽财经大学，2020：7.

[126]陈云飞.基于城市旅游竞争力提升的镇江运河旅游资源开发研究[D].扬州：扬州大学，2008：13.

[127]中国交通新闻网.平陆运河全线动工建设[EB/OL].（2023-05-24）[2025-02-20].中华人民共和国交通运输部，https：//www.mot.gov.cn/jiaotongyaowen/202305/t20230524_3832998.html.

[128]何明华，江宏坤.首场"代表通道"集中采访来啦！为大家解答平陆运河建设进展、立法、民生保障等话题[EB/OL].（2025-01-14）[2025-02-20].http://www.gxzf.gov.cn/zt/sz/2025gxlh_227110/taya/dbwyhy/t19507628.shtml.

[129]震撼！平陆运河施工现场塔吊林立，最高的超90米[EB/OL].（2025-02-15）[2025-02-20].http://www.gxnews.com.cn/staticpages/20250215/newgx67b07b0f-21751717.shtml.

[130]陈剑飞，曾鹏，赵金彪，等.搭机制建平台强科研精细气象服务护航平陆运河高质量建设[EB/OL].（2024-06-13）[2025-03-05].http://www.gxnews.com.cn/staticpages/20240613/newgx666ab692-21541002.shtml.

[131]陈贻泽.刘宁深入平陆运河项目建设现场调研[EB/OL].（2024-04-10）[2025-03-10].https://www.gxnews.com.cn/staticpages/20240410/newgx6616ae3a-21486219.shtml.

[132]交通运输部珠江航务管理局.以山为画，泼墨漓江[EB/OL].（2020-07-27）[2025-03-01].https://zjhy.mot.gov.cn/zhuantizl/renwenzhujiang/gdjwguangxi/202008/t20200806_3447995.html.

[133]永州市交通运输局.加快推进项目各项工作：交通运输部调研湘桂运河建设发展工作[EB/OL].（2024-11-28）[2024-2-20].http://jtt.hunan.gov.cn/jtt/xxgk/gzdt/jtyw/202411/t20241129_33513462.html.

[134]横州市地方志编纂委员会办公室.横州市概况[EB/OL].（2023-06-21）[2025-2-20].http：//www.gxhx.gov.cn/gk/hxgk/t5621020.html.

[135] 王建伟.全区超2.72万亿元！2023广西14市GDP"成绩单"出炉[EB/OL].（2024-02-27）[2025-02-20].http://news.gxnews.com.cn/staticpages/20240227/newgx65ddb187-21445807.shtml.

[136] 刘有明.关于《广西壮族自治区平陆运河保护与管理条例（草案）》的说明：2025年1月14日在广西壮族自治区第十四届人民代表大会第三次会议上[EB/OL].（2025-01-20）[2025-02-20].https://dhzt.gxrd.gov.cn/html/art184777.html.

平陆运河规划与建设大事记

1915年，珠江总局前身，曾组织过勘察工作。

中华人民共和国成立后，广东、广西两省区曾于1951年、1958年、1960年、1961年、1962年分别（或联合）组成勘察队伍进行勘测工作。参加单位主要有水利部珠江水利总局、北海航运处、广东水利电力厅勘测设计院等。经过勘察和初步论证，先后提出《平陆运河规划报告初稿》《平陆运河开挖工程》初步设计报告。

1962年，广东省航运局和广西壮族自治区交通厅联合提出《平陆运河规划报告》。

1975年，广西壮族自治区交通厅重新整理以前规划资料，又提出了《平陆运河规划报告》。

1992年4月，国务院有关部门领导、专家实地考察平陆运河，并对开发平陆运河给予充分肯定。

1992年12月，钦州地区和钦州市（时为县级市）计委，共同编制了《平陆运河工程前期工作立项报告》，争取上级安排项目建设前期工作资金。

1992年，钦州地委、行署进一步明确钦州地区计划委员会要将钦州港开发与助力推进钦州火电厂、平陆运河建设项目前期工作作为当时地区计划委员会主要工作任务之一，安排人员继续协助和配合相关部门、设计单位开展项目建设前期工作。

1994年4月，广西壮族自治区交通勘测设计院编写了《平陆运河情况介绍》。

2013年，国务院批复的《珠江流域综合规划（2012—2030年》将平陆运河规划为I级航道，通航3000吨级船舶。

2019年8月2日，经国务院国函〔2019〕675号批复，国家发展改革委印发的《西部陆海新通道总体规划》提出"推进沟通广西西江至北部湾港的平陆运河研究论证"。

2020年3月17日，经广西壮族自治区党委、自治区人民政府同意，广西壮族自治区发展改革委批复了自治区交通运输厅上报的平陆运河项目建议书，平陆运河项目正式立项。

2020年5月29日，交通运输部印发的《内河航运发展纲要》提出"统筹推进长江、珠江、淮河等主要水系间的京杭运河黄河以北段复航工程以及平陆运河等运河沟通工程"。

2021年，中共中央、国务院印发国家发展改革委牵头编制的《国家综合立体交通网规划纲要》，将平陆运河纳入"四纵四横两网"国家高等级航运布局；《中华人民共和国国民经济和社会发展第十四个五年规划和2035年远景目标纲要》提出，"研究平陆运河等跨水系运河连通工程"；国务院印发的《"十四五"现代综合交通运输体系发展规划》，国家发展改革委印发的《"十四五"推进西部陆海新通道高质量建设实施方案》均提出"研究建设平陆运河"。

2021年12月24日，交通运输部、国家铁路局等部门联合印发的《西部陆海新通道"十四五"综合交通运输体系建设方案》明确提出："完成西部陆海新通道（平陆）运河工程立项批复，加快推进工程可行性研究及报批工作，力争2022年开工建设。"

2021年9月，国家发展改革委根据国务院批示，明确由广西审批平陆运河项目。

2021年10月，交通运输部建立运河专项研究部省联席会议制度，指导平陆运河前期研究及开发建设工作。

2022年6月，自然资源部通过平陆运河项目建设用地预审，同年8月批复平陆运河先导工程用地；生态环境部支持指导平陆运河项目环境影响评价等相关工作。

2022年7月，交通运输部海事局批复钦州湾航区划定，为平陆运河项目落地奠定了基础。

2022年8月28日，时任交通运输部部长李小鹏在广西钦州市灵山县马道枢纽宣布平陆运河建设正式开工。

后 记

在数千年的历史长河中,运河的兴与衰始终紧密关联着沿线地区的经济发展与社会变迁。平陆运河作为中华人民共和国成立后的首条大运河,其意义非凡。它不仅是西部陆海新通道的关键骨干工程,更将成为珠江西江流域与广西北部湾港之间的亿吨级水运交通大动脉。

本书为聚焦西部陆海新通道骨干工程——广西平陆运河建设的研究。平陆运河的建设目标是达成"一河贯通、八桂向海"的宏伟愿景,致力于将其打造成为造福广西人民的开放之河、绿色之河、团结之河以及幸福之河。通过本书,读者能够全面了解中国运河的发展简史、广西运河的过往以及平陆运河建设的前世今生。同时,书中针对与平陆运河相关的专题提出了一些浅见,期望能为有关部门提供一定的参考与借鉴。

作为一本专注于广西平陆运河建设沿线区域发展问题研究的专著,侧重于为平陆运河建设提供切实可行的应用策略,着力解决建设过程中出现的实际问题。然而,不可避免的是,在学术与理论架构方面,本书存在一定的欠缺。此外,鉴于当前平陆运河正处于热火朝天的建设阶段,在此之前,相关的学术专著和文章数量稀少,资料收集工作面临极大的困难,这也是本书作者在撰写过程中遭遇的一大难题。再加上作者自身能力、精力有限,书中可能存在一些错漏之处,恳请专家学者以及广大读者予以批评指正。

本书的完成离不开众多单位和个人的支持与帮助。在此,特别感谢中共广西壮族自治区党校张家寿教授的悉心指导;感谢钦州市委党校领导以及薛静娟、董陈丽、侯名芬、黄霞、卫思宁、张宇等同事的热诚关心与大力支持；感谢钦州市县处级领导干部进修班和专题研讨班的杨劲松、徐万杰、苏宗海、黄厚亮、杨新栋、陈丹、梁伟、宁海、卢庆毅、张逸、刘强忠、陆家福、吴显胜、李娟，以及广西社会科学院副研究员周明钧等同志的支持；感谢2023年钦州市中青班学员、2023年钦南区钦北区青干班学员、2024年中青班学员，还有钦州市博物馆馆长林卫锋，钦州市文化广电体育和旅游局黄柏科长，钦州市农业农村局左科举、钦州市气象局黎时迪科长、横州市委党校韦立锋等的大力支持。在此，向所有为本书提供帮助的单位和个人表示衷心的感谢。

尹继承

2025年2月16日